미남교수의

스마트 기기를 활용한 쌍방향 교수법

미남교수의

스마트 기기를 활용한 쌍방향 교수법

신종우

dh 대한나래출판사

서 문

교수자나 진행자로서 수업 진행의 어려움은 없으셨나요? 수업시간에 잡담을 하거나 스마트 기기로 딴짓을 하는 학생들로 인해 어수선한 상황, 질문을 하지 않거나 주제와 맞지 않는 질문을 던지는 사람들로 어색하고 애매한 상황, 혹시 다들 알고 있는 주제를 설명하고 있지는 않은지, 이해를 못하는 사람은 없는지 궁금한 상황 등 수업, 행사를 진행하는 분들이라면 누구나 겪는 상황이라고 할 수 있다. 특히, 다수의 사람들이 모인 자리일수록 집중시키고 흥미를 유발하는 것은 매우 힘들다. 누구나 멋진 강연을 원하지만 때로는 그렇지 못할 수도 있다. 그 이유는 소통 방법이 없기 때문이라고 할 수 있다.

교수가 강의실에서 수업을 하거나 강연자가 강연장에서 강연 중에는 과연 학생들이나 청중이 어느 정도 자신의 강의/강연을 이해하고 있는지 또는 그들의 배경지식이 얼마나 되는지 파악하는 게 중요하다. 하지만 아무 말도 없이 앉아있는 사람의 속마음을 알아내기란 쉽지 않다. 더군다나 남들 앞에 나서서 말하는 것을 꺼려하는 사회 분위기상 청중이 자발적으로 질문을 하거나 의견을 말하는 것을 기대하기는 힘들다. 이럴 때 바로 청중 응답 시스템이 사용된다. 교수나 강연자는 미리 만들어 놓은 질문들의 접속 코드(전용 인터넷 주소)를 알려주고 학생이나 청중들은 유선 인터넷 또는 와이파이(Wi-Fi), 3G 등의 무선 인터넷을 통한 인터넷 접속이 가능한 스마트폰 또는 태블릿이나 컴퓨터를 이용해 사이트에 접속해서 실시간 쌍방향 수업을 할 수 있다.

스마트 기기를 활용한 실시간 쌍방향 소통으로 수업을 쉽고, 빠르고, 재미있게 진행할 수 있도록 저자가 실제 강의실에서 이용하고 있는 대표적인 프로그램들이 본서에 소개되어 있다. 본서는 총 5장으로, PC, 폰, 태블릿 등 어느 디바이스에서나 무료로 서비스를 이용할 수 프로그램으로 구성되어 있다. 제1장의 핑퐁(PingPong)은 Spot Networking으로 강의, 수업, 회의 등 다수의 사람들이 모인 현장에서 상호작용을 도와주는 커뮤니케이션 툴이다. 별도의 가입 절차 없이도 청중의 질문을 유도할 때, 학생의 이해도가 궁금할 때, 자료를 간편하게 공유할 때, 당첨자를 뽑을 때 매우 유용하게 활용할 수 있다. 제2장의 플리커스(Plickers)는 교사의 1인 디바이스만으로도 질문을 하고, 바로 응답을 받을 수 있는 쌍방향 수업을 진행할 수 있는 앱으로 안드로이드와 iOS에서 이용할 수 있다. 제3장의 소크라티브(Socrative)는 학생들의 평가와 간단한 설문 조사에 활용할 수 있는 유용한 앱으로 iOS, 안드로이드, PC 등 대부분의 플랫폼에서 활용할 수 있는 멀티플랫폼 앱이다. 제4장의 콜라보(Collabo)는 인터넷이 접속되는 환경에서 개인이 가지고 있는 스마트폰 또는 태블릿, 노트북 등을 이용하여 웹 접속 방식으로 사용할 수 있는 온라인 청중 응답 시스템이다. 제5장의 심플로우(Symflow)는 오프라인의 쌍방향 소통을 도와주는 온라인 플랫폼이라고 할 수 있다.

특히 본서는 스마트 기기를 활용한 실시간 쌍방향 소통으로 수업을 쉽고, 빠르고, 재미있게 진행할 수 있도록 페이지마다 저자의 활용법 영상이 QR코드에 업로드 되어 있기 때문에 초보자도 누구나 자기주도적 학습을 할 수 있을 거라고 생각한다.

끝으로 본서의 원고가 집필될 수 있도록 많은 조언과 도움을 주신 많은 분들과 출간될 수 있도록 도움을 주신 대한나래출판사 최용원 사장님과 편집진에게도 감사드린다.

미남교수 **신 종 우**

contents

contents

· **QR코드 활용**

본서의 가장 큰 특징은 각 페이지마다 QR코드를 만들어 보조학습 자료로 참고할 수 있도록 제공해 줌으로써 언제, 어디서, 누구나 자유롭게 자기 주도적으로 스마트러닝을 할 수 있도록 구성하였다.

· **QR코드 스캔법**

QR코드는 아이폰이나 안드로이드 탑재폰의 앱 다운로드 서비스에서 "XQR", "QR Code Reader" 중 원하는 어플리케이션을 선택하여 무료로 설치 받아 언제라도 스캔하여 정보를 읽을 수 있다.

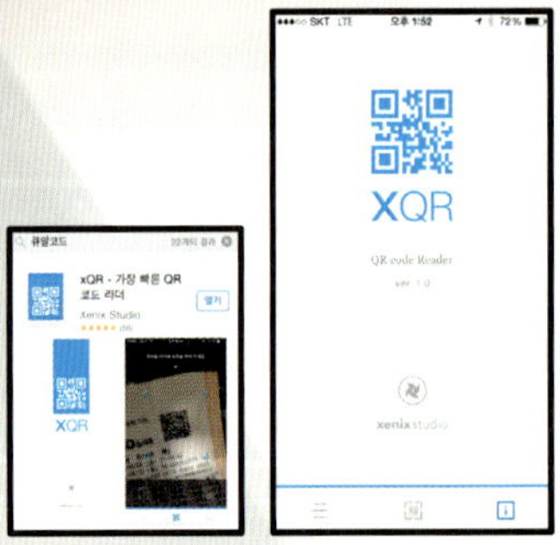

App store – "XQR"

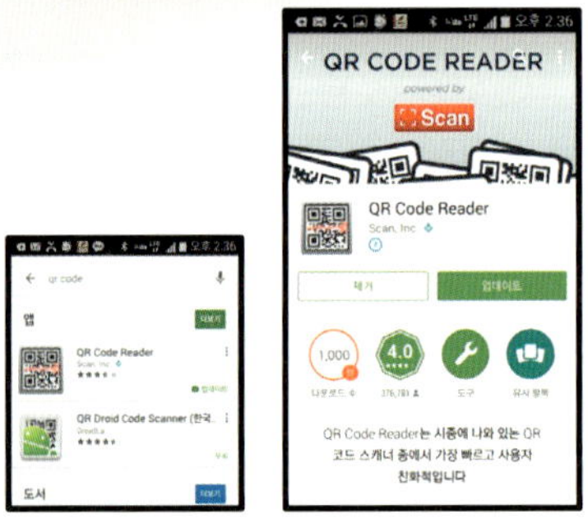

Play store – "QR Code Reader"

01

핑퐁

PingPong

핑퐁(PingPong)은 SPOT Networking으로 강의, 수업, 회의 등 다수의 사람들이 모인 현장에서 상호작용을 도와주는 커뮤니케이션 툴이다. 별도의 가입 절차 없이도 청중의 질문을 유도할 때, 학생의 이해도가 궁금할 때, 자료를 간편하게 공유할 때, 당첨자를 뽑을 때 매우 유용하게 활용할 수 있다. 핑퐁은 PC, 폰, 태블릿 등 어느 디바이스에서나 무료로 서비스를 이용할 수 있는 프로그램이다.

1. 핑퐁 소개

뛰어난 접근성으로 아이폰, 아이패드뿐만 아니라 안드로이드 폰, 안드로이드 태블릿, PC 등 모든 디바이스에서 무료로 서비스를 이용할 수 있다(그림 1-1). 간단한 접속으로 별도의 가입 절차 없이 진행자와 참여자 모두 서비스를 이용할 수 있다. 다양한 활동으로 진행자는 O/X, 텍스트, 이미지 등 원하는 모든 형식의 응답을 요청할 수 있다. 신속한 결과로 그래프나 목록 등 참여자의 응답을 실시간으로 정확하게 확인할 수 있다. 에버노트 연결로 진행자의 에버노트에 저장된 자료를 쉽게 불러오고, 참여자에게 공유할 수 있다. 편리한 도구로 타이머나 랜덤 지목 등의 기능을 활용하여 진행에 재미를 더할 수 있다.

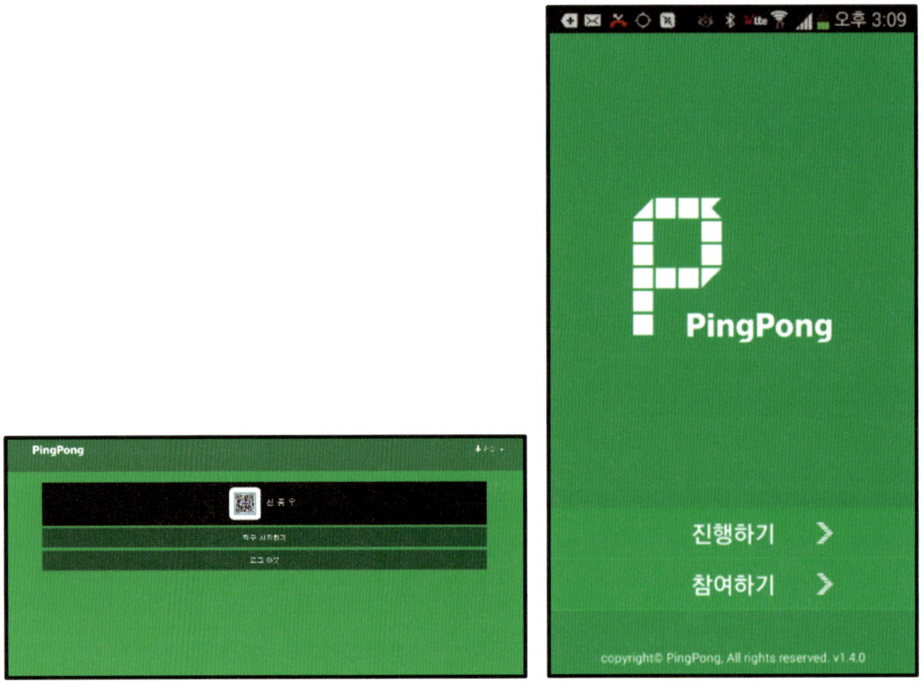

그림 1-1 PC, 스마트폰, 태블릿에서 폭넓게 이용 가능

2. 활용 범위

첫째, 강연이나 세미나 시 청중의 질문을 유도할 때, [텍스트 보내기] 기능이나, 참여자의 명함을 받아 정리할 때, [이미지 보내기] 기능 등을 활용할 수 있다. 필자의 경우 [텍스트 보내기] 기능으로 수업시간에 쪽지시험 치르기와 [이미지 보내기] 기능으로 출석체크와 이미지 그리기로 형상에 대한 이해도를 피드백 받고 있다.

둘째, 수업이나 강의 시 학생의 이해도가 궁금할 때, [4개 중 고르기] 기능과 퀴즈 대회를 할 때, [O/X 중 고르기] 기능과 선생님이나 짝꿍 얼굴, 다양한 형상 그리기를 할 때, [이미지 보내기] 기능 등을 활용할 수 있다.

셋째, 회의나 미팅 시 회의 자료를 화면에 띄울 때, [에버노트 불러오기] 기능과 회의록을 공유할 때,

[에버노트 공유하기] 기능을 활용할 수 있다.

넷째, 이벤트 시 경품 추첨을 할 때, [랜덤 지목] 기능을 활용할 수 있으며, 이 밖에도 다양한 상황에서 핑퐁을 유용하게 활용할 수 있다.

3. 계정 취득하기

1) 스마트폰이나 태블릿에서 진행하기

(1) 설치하기

아이폰, 아이패드뿐만 아니라 안드로이드 폰, 안드로이드 태블릿, PC 등 모든 디바이스에서 계정을 가입할 수 있다. 안드로이드의 play store나 iOS의 App store에서 핑퐁을 설치한다. 설치하면 진행하기와 참여하기로 구분되고, 진행하기를 선택하면 Google, Facebook, Linked in 중에서 선택적으로 SNS 로그인으로 간단하게 룸코드 계정을 취득할 수 있다.

핑퐁은 iOS 6.0 이상의 아이폰, 아이패드와 Android 2.4 이상의 안드로이드 폰, 태블릿에서 이용 가능하다. 위에 해당하지 않는 단말기 또는 OS인 경우, PC 또는 모바일의 크롬, 사파리 브라우저에서 핑퐁 Web 버전을 사용하면 제약 없이 서비스를 이용할 수 있다. 핑퐁은 Wi-Fi 뿐만 아니라 3G, 4G, LTE 등 모든 네트워크 환경에서 이용 가능하다. 방화벽에 막혀서 사용할 수 없는 경우 핑퐁의 아웃바운드 포트는 80번, 49153번이며, 방화벽 설정에서 해당 포트를 사용 가능하도록 추가해 주면 된다(그림 1-2~1-4).

그림 1-2 설치 후 진행하기 선택

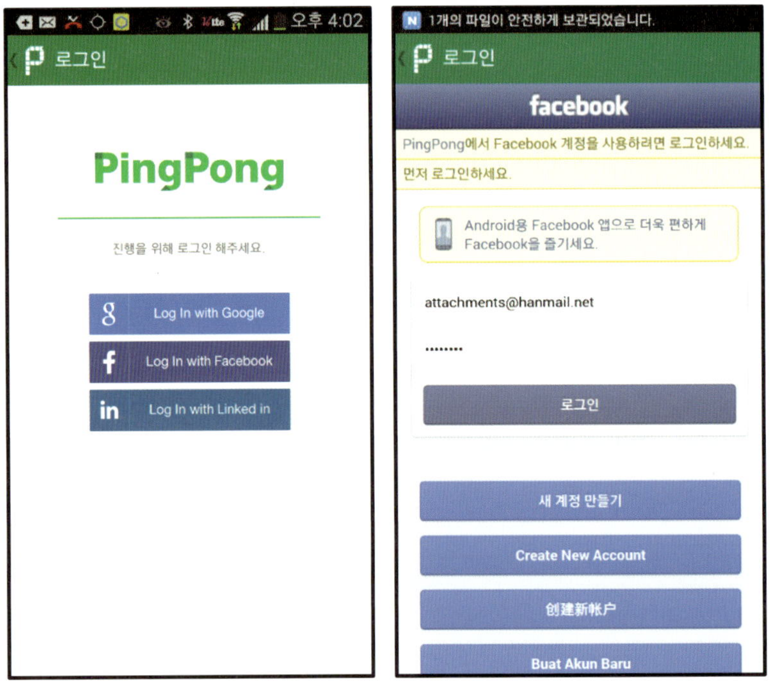

그림 1-3 선택적으로 Facebook으로 새 계정 만들기

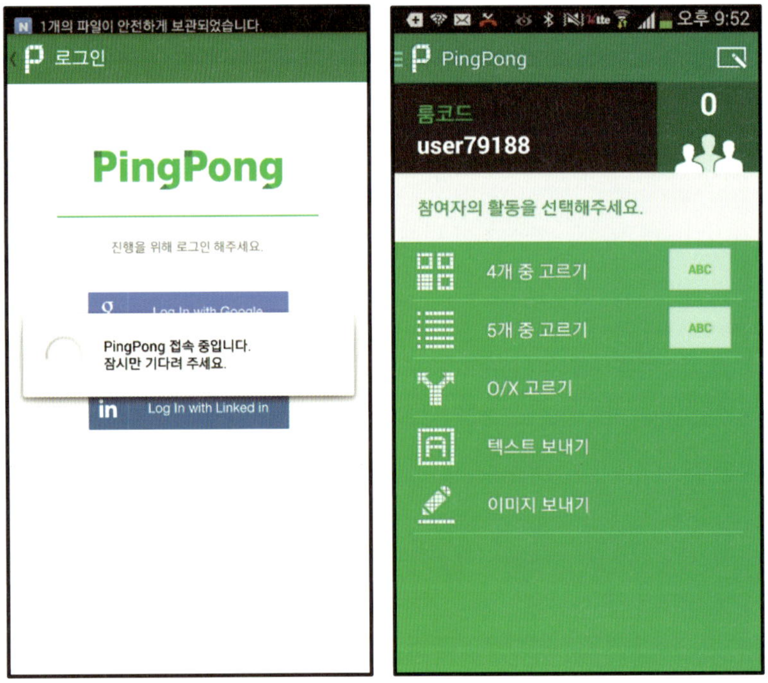

그림 1-4 진행자의 룸코드 발부

왼쪽 상단의 PingPong 을 눌러 원하는 룸코드(한글, 영문 등)로 설정한다. 그리고 참여자 대기화면의 진행자 사진을 변경하고 싶은 경우 참여자의 활동대기 화면에 노출되는 진행자 사진은 룸코드 생성 시에 연동한 구글 또는 페이스북 계정의 프로필 사진이므로, 구글 또는 페이스북의 프로필 설정 메뉴를 통해 사진을 원하는 이미지로 변경하면 된다(그림 1-5, 1-6).

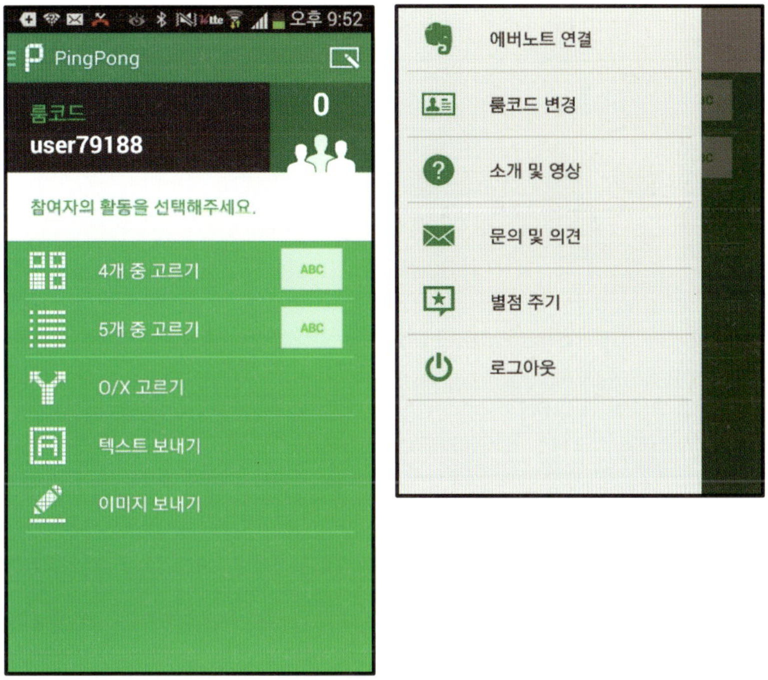

그림 1-5 룸코드 변경하기

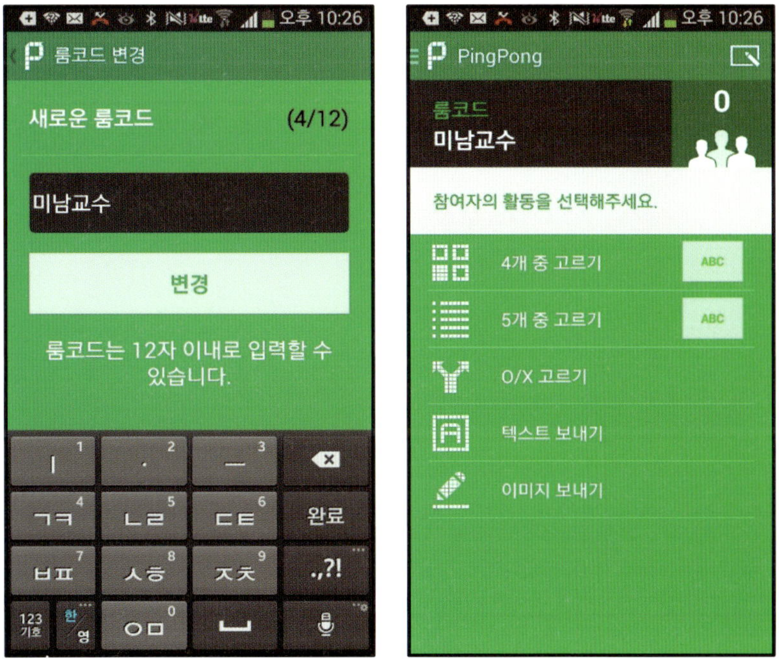

그림 1-6 미남교수로 룸코드 변경 완료

(2) 참여하기

핑퐁 실행창의 참여하기를 눌러 진행자의 룸코드와 참여자의 이름을 입력하면 "진행자의 요청을 기다려 주세요"라는 창이 뜨면서 참여하기가 완료된다(그림 1-7, 1-8).

그림 1-7 참여하기

그림 1-8 진행자의 룸코드와 참여자의 이름 입력

2) PC에 설치하기

핑퐁 사이트(http://gogopp.com)에서 Web beta 버전으로 선택하고, Google, Facebook, Linked in 중에서 선택적으로 SNS 로그인으로 간단하게 룸코드 계정을 취득할 수 있다(그림 1-9~1-11).

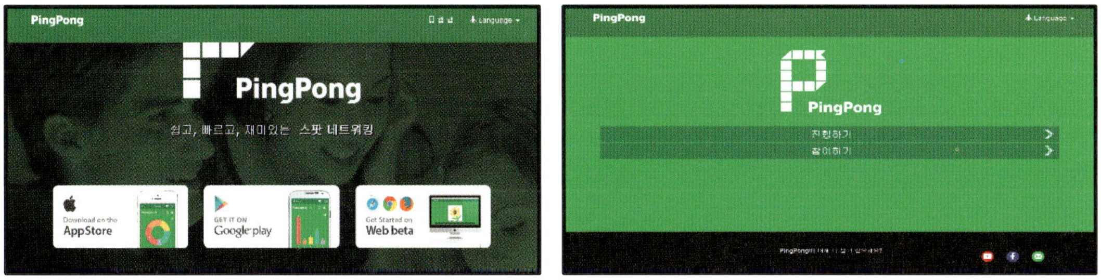

그림 1-9 Web beta 버전으로 설치

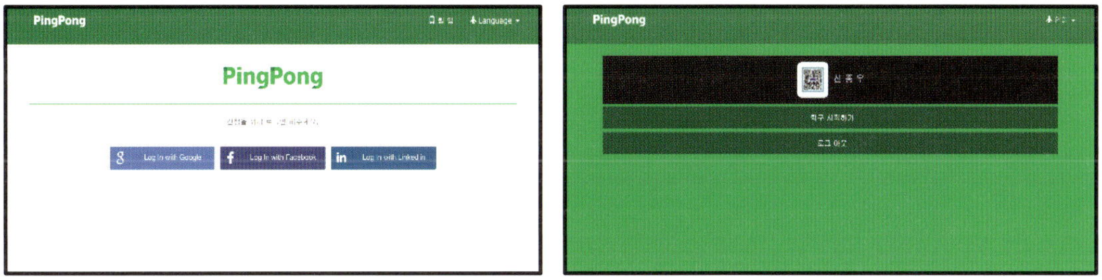

그림 1-10 Facebook 계정으로 로그인

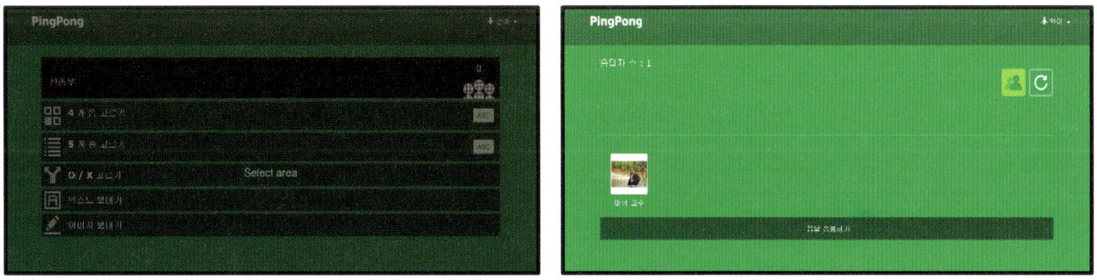

그림 1-11 진행자의 질문에 대한 참여자의 답변

4. 기능

핑퐁은 TV 프로그램 〈안녕하세요〉에서 사용되는 기기와 유사한 방식으로 개발되어 있어 디바이스 내에서 직접 문제를 출제하는 것이 아니라, 참여자들이 답변할 수 있도록 구성되어 있다. 따라서 참여자에게 문제를 출제할 때 다음과 같은 다양한 방법을 활용하면 된다.

첫째, 에버노트에 PPT, 이미지 등으로 저장한 문제를 핑퐁 보드에 불러와서 함께 보거나, 공유 버튼을 눌러 참여자 화면으로 보낸다.

둘째, 구두(말)로 질문을 던진다.

셋째, 화이트보드나 칠판에 문제를 쓴다. 핑퐁의 출제하기는 4개 중 고르기, 5개 중 고르기, O/X 고르기, 텍스트 보내기, 이미지 보내기, 에버노트 불러오기와 공유하기, 타이머, 랜덤 지목, 프레젠테이션 등의 기능을 제공하고 있다(그림 1-12).

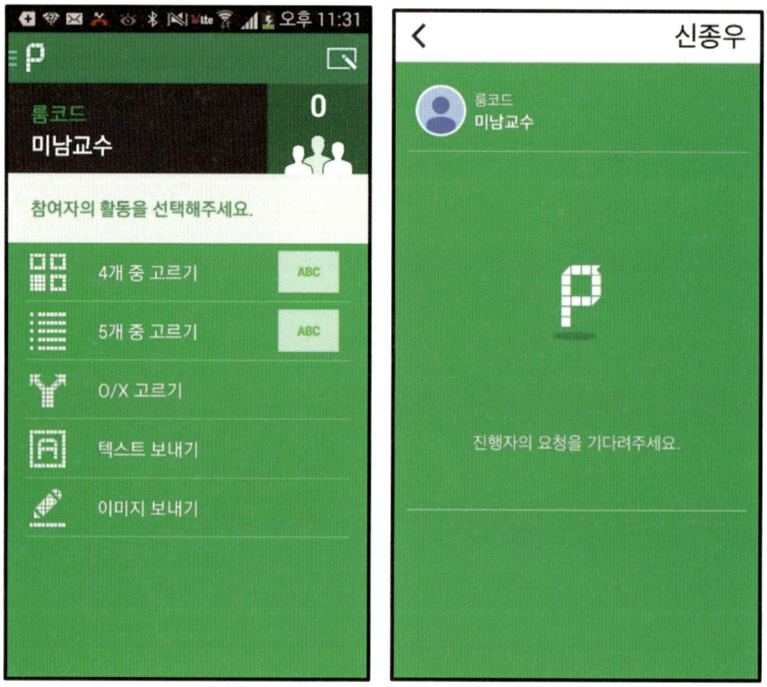

그림 1-12 진행자(좌)와 참여자(우)의 창

1) 4개 중 고르기

진행자가 "대한민국의 수도는 어디에 있습니까? A, B, C, D로 서울, 부산, 대구, 광주 중에서 고르기 해주세요!"라고 육성으로 퀴즈를 낸다. 바로 참가자의 창이 바뀌면서 A, B, C, D 중의 맞는 답을 찾아 눌러주면 진행자의 창에 즉시 세로 막대형이나 2차원 원형, 전체 참여자 이름의 답변으로 표시되고, 하단 오른쪽의 결과 보내기를 통해 전체 답변의 피드백을 에버노트로 클립핑 할 수 있다.

답변을 마친 참여자는 진행자의 요청(최근 응답 하단 표시)으로 다시 되돌아간다. 응답 종료하기 버튼을 누르면 학생들의 답변은 결과 화면에 더 이상 카운팅되지 않는다. 그 이유는 선생님께서 설명할 때, 학생들이 자꾸 대답을 해서 수치가 바뀌지 않도록 만든 기능이기 때문이다. 일부 참여자가 요청을 받지 못한 경우에는 참여자의 단말기 사양 또는 일시적인 네트워크 오류로 인해 문제가 전송되지 않는 경우이다. 이 경우 결과 화면 우측 상단의 응답 다시 요청하기 버튼을 클릭하면, 처음에 요청을 받지 못했던 참여자들에게만 같은 요청을 다시 보낼 수 있다(그림 1-13~1-18).

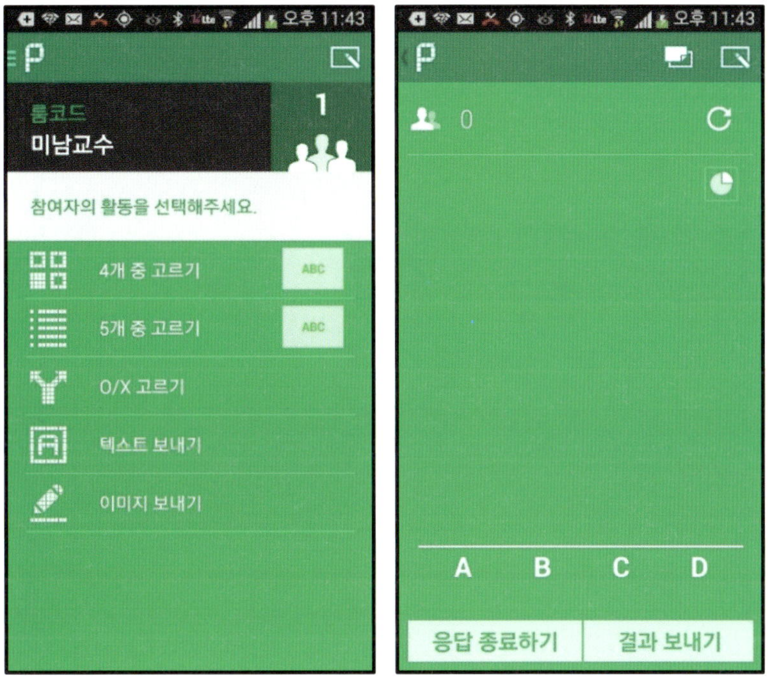

그림 1-13 4개 중 고르기 진행

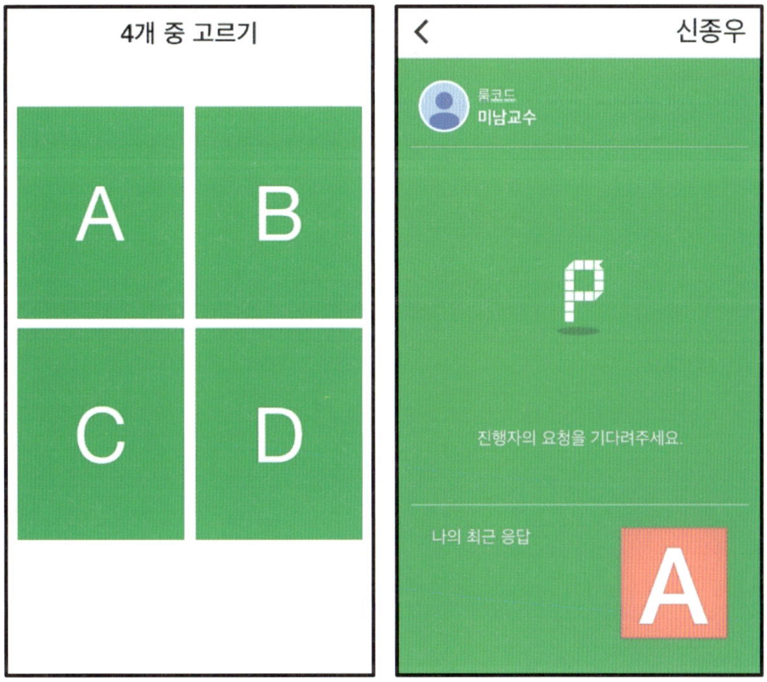

그림 1-14 참여자가 4개 중 답변인 A번 선택

그림 1-15 세로 막대형(좌)이나 2차원 원형(우)으로 진행자의 창에 표시

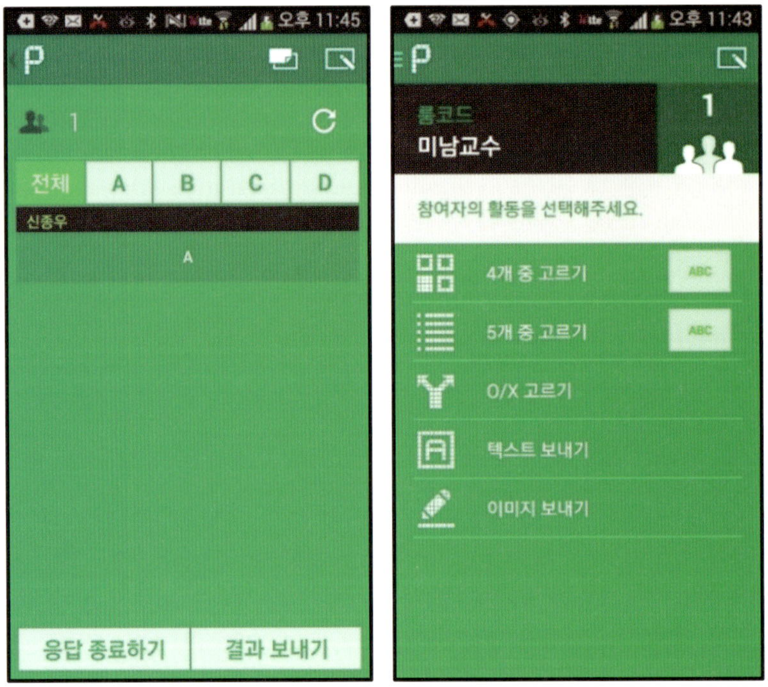

그림 1-16 전체 참여자의 답변(좌)으로 표시되면 응답 종료하기나 다른 질문하기(우)

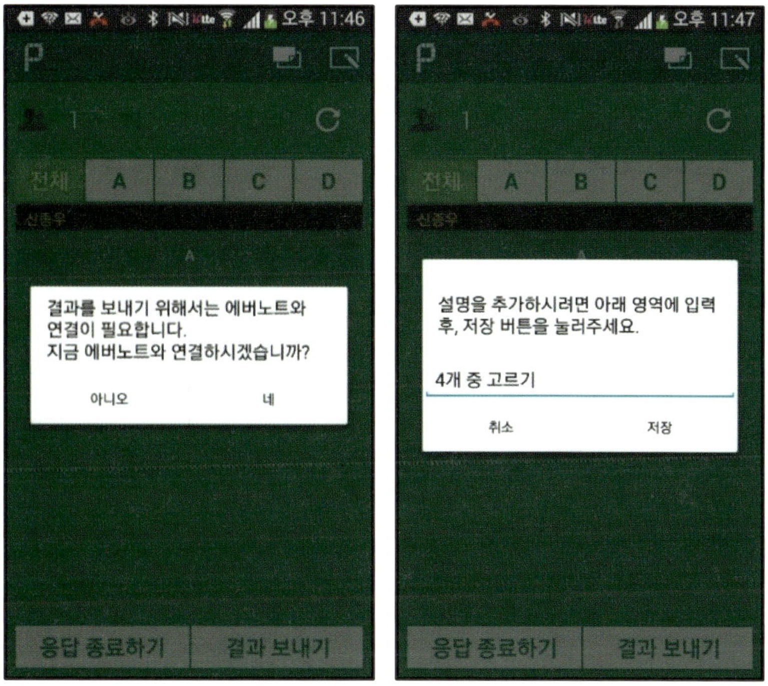

그림 1-17 전체 참여자의 답변을 에버노트로 클립핑

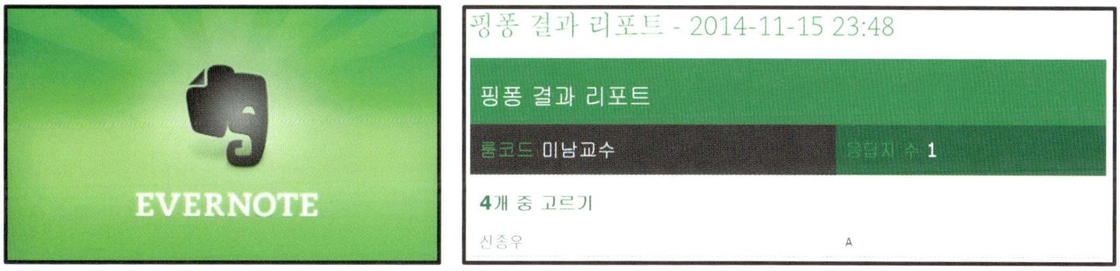

그림 1-18 에버노트에 클립핑된 전체 참여자의 답변 내용

2) 5개 중 고르기

진행자가 "한글을 만든 사람은? A, B, C, D, E로 이순신, 단군, 세종대왕, 광개토왕, 대원군 중에서 고르기 해주세요!"라고 육성으로 퀴즈를 낸다. 바로 참가자의 창이 바뀌면서 A, B, C, D, E 중의 맞는 답을 찾아 눌러주면 진행자의 창에 즉시 세로 막대형이나 2차원 원형, 전체 참여자 이름의 답변으로 표시되고, 참여자는 진행자의 요청(최근 응답 하단 표시)으로 다시 되돌아간다(그림 1-19~1-24).

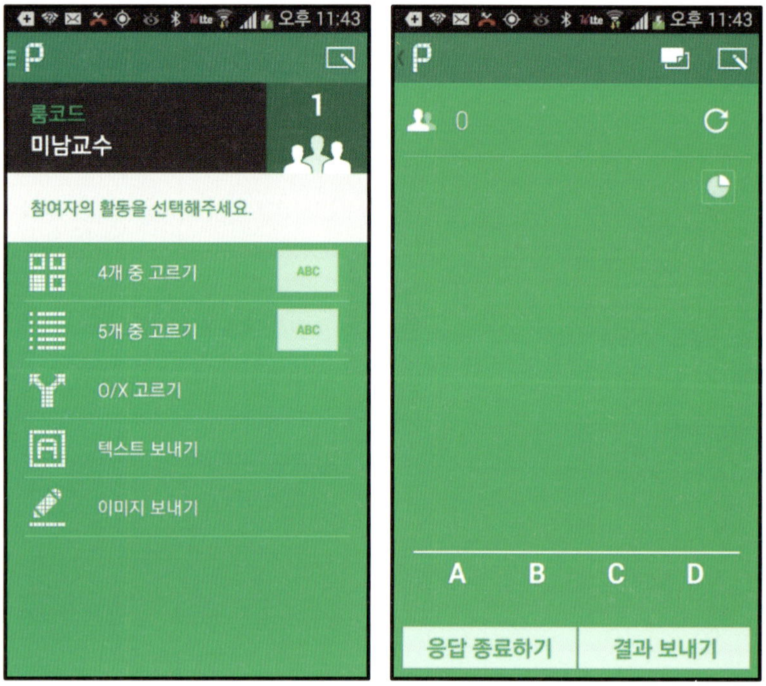

그림 1-19 5개 중 고르기 진행

그림 1-20 참여자가 4개 중 답변인 C번 선택

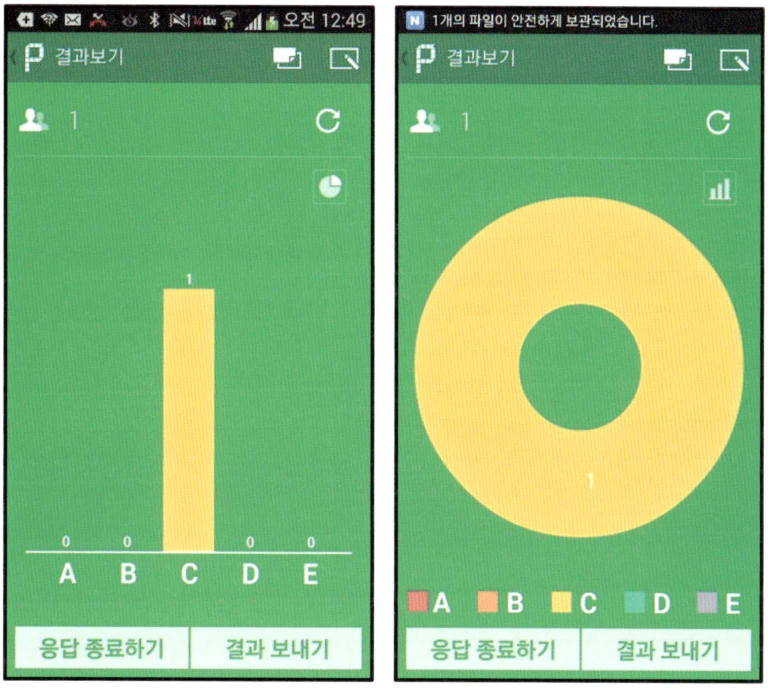

그림 1-21 세로 막대형(좌)이나 2차원 원형(우)으로 진행자의 창에 표시

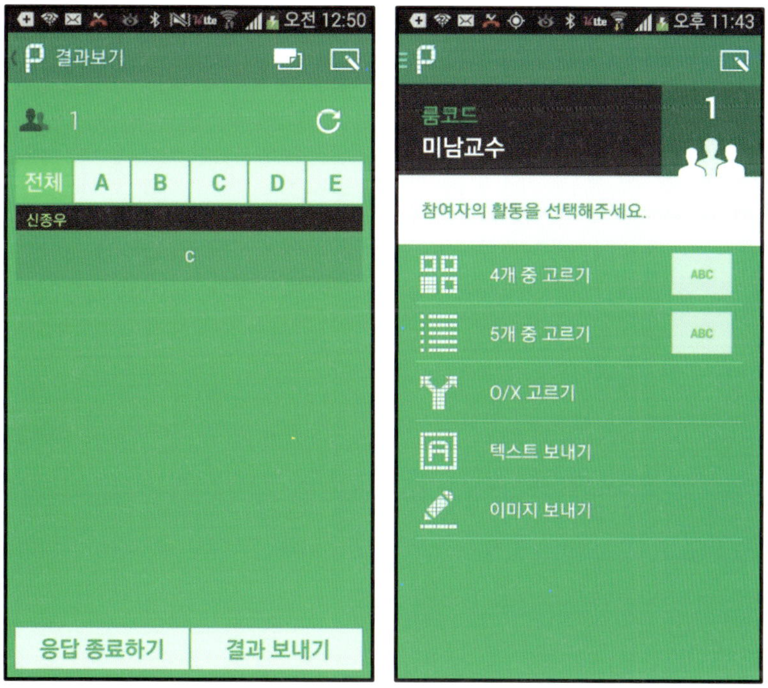

그림 1-22 전체 참여자의 답변(좌)으로 표시되면 응답 종료하기나 다른 질문하기(우)

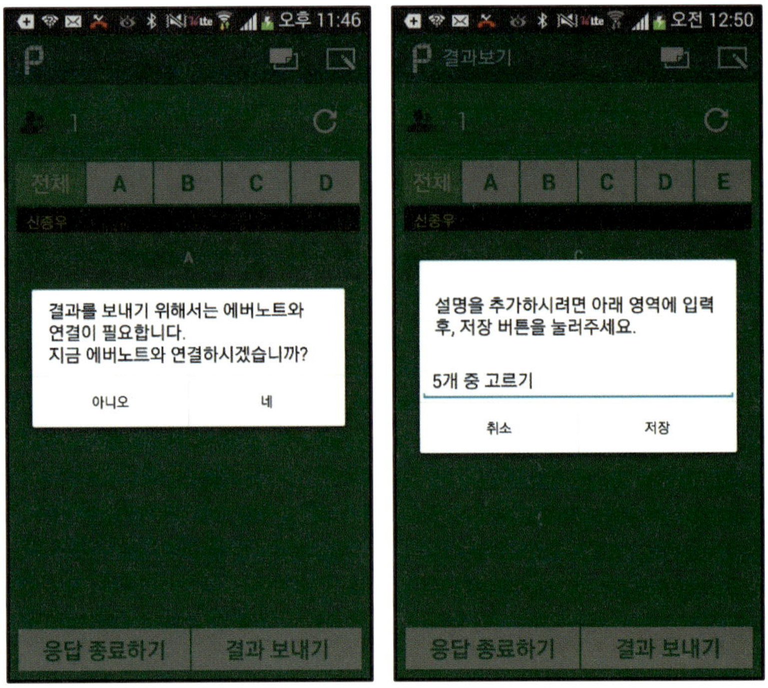

그림 1-23 전체 참여자의 답변을 에버노트로 클립핑

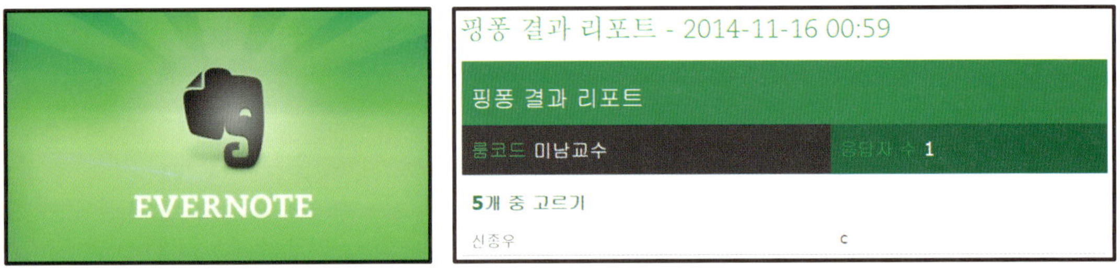

그림 1-24 에버노트에 클립핑된 전체 참여자의 답변 내용

3) O/X 고르기

진행자가 "'대한민국의 국화는 무궁화 꽃이다'가 맞으면 O, 틀리면 X로 고르기 해주세요!"라고 육성으로 퀴즈를 낸다. 바로 참가자의 창이 바뀌면서 O/X 중의 맞는 답을 찾아 눌러주면 진행자의 창에 즉시 세로 막대형이나 2차원 원형, 전체 참여자 이름의 답변으로 표시되고, 참여자는 진행자의 요청(최근 응답 하단 표시)으로 다시 되돌아간다(그림 1-25~1-30).

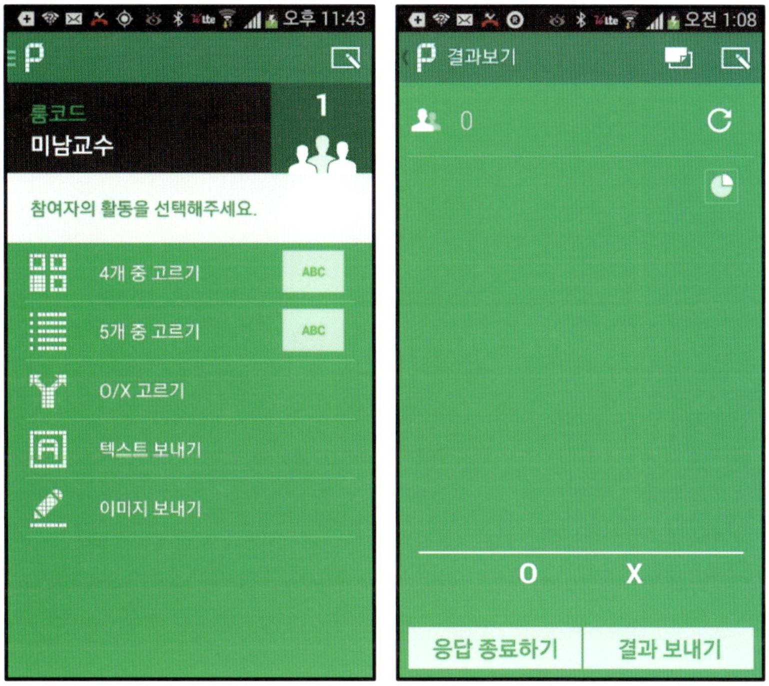

그림 1-25 O/X 고르기 진행

그림 1-26 참여자가 O/X 고르기 중 답변인 O번 선택

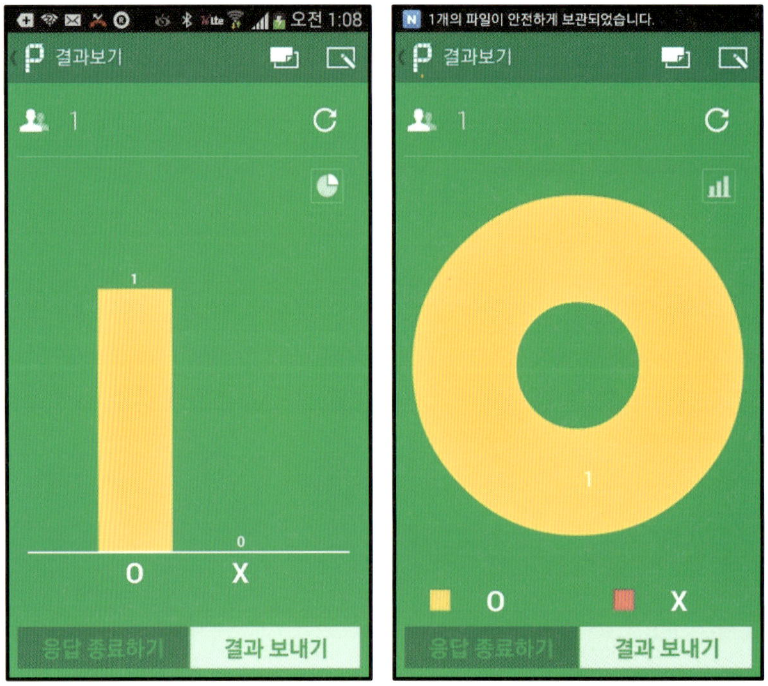

그림 1-27 세로 막대형(좌)이나 2차원 원형(우)으로 진행자의 창에 표시

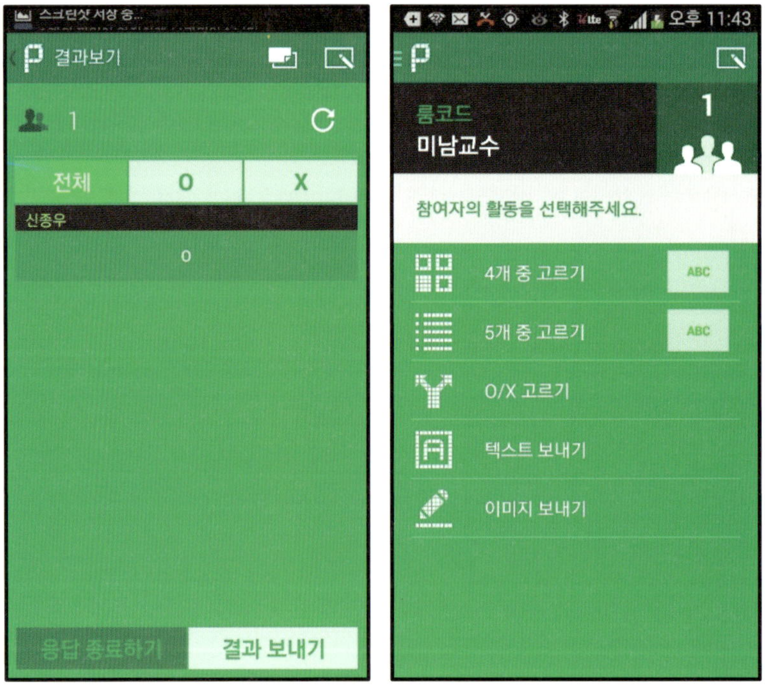

그림 1-28 전체 참여자의 답변(좌)으로 표시되면 응답 종료하기나 다른 질문하기(우)

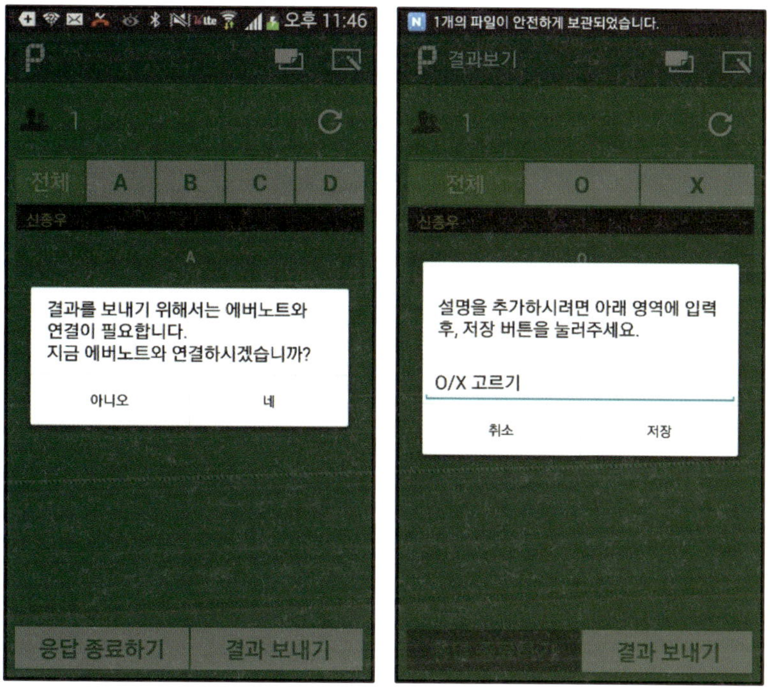

그림 1-29 전체 참여자의 답변을 에버노트로 클립핑

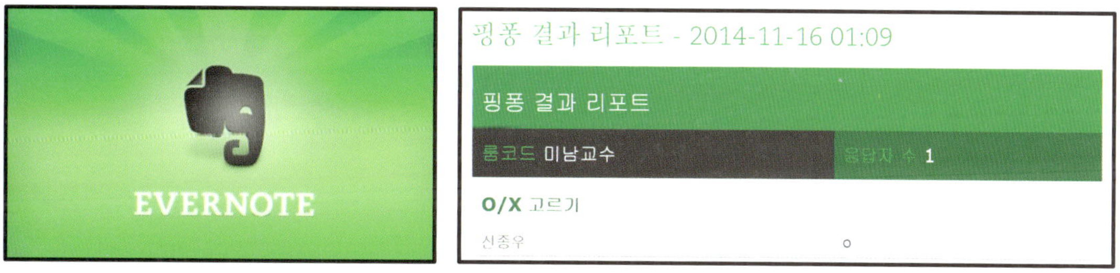

그림 1-30 에버노트에 클립핑된 전체 참여자의 답변 내용

4) 텍스트 보내기

텍스트 보내기는 익명을 기본으로 하며, 응답자 보기 기능을 통해 '누가, 어떤 대답을 하였는지'를 편리하게 확인할 수 있다. 또한 각 텍스트를 선택하면 확대해서 확인할 수 있다. 예를 들어 진행자가 "대한민국의 수도는 어디입니까?"라고 육성으로 퀴즈를 낸다. 바로 참가자의 창이 바뀌면서 텍스트를 입력하면 진행자의 창에 즉시 텍스트가 표시되고, 참여자는 진행자의 요청(최근 응답 하단 표시)으로 다시 되돌아간다(그림 1-31~1-35).

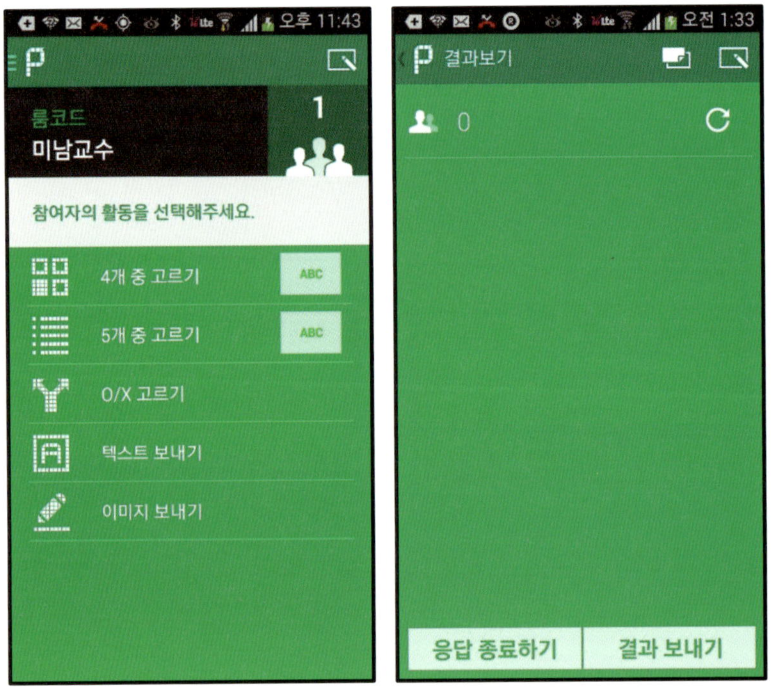

그림 1-31 텍스트 보내기 진행

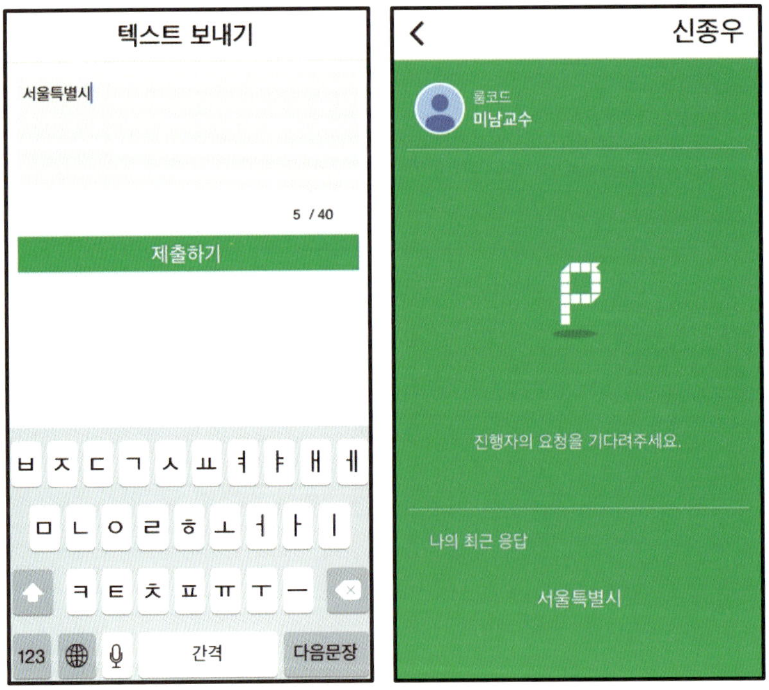

그림 1-32 참여자가 텍스트 보내기 답변 입력

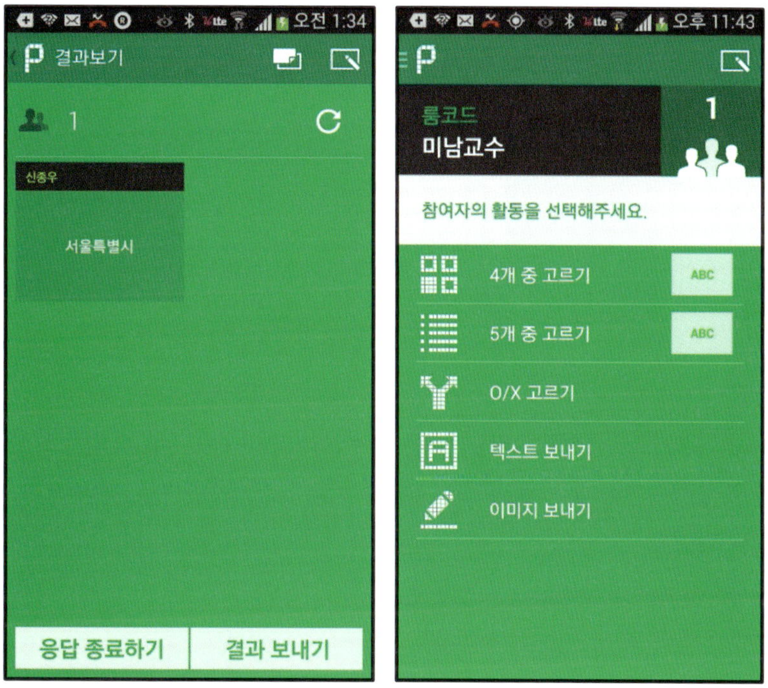

그림 1-33 전체 참여자의 답변(좌)으로 표시되면 응답 종료하기나 다른 질문하기(우)

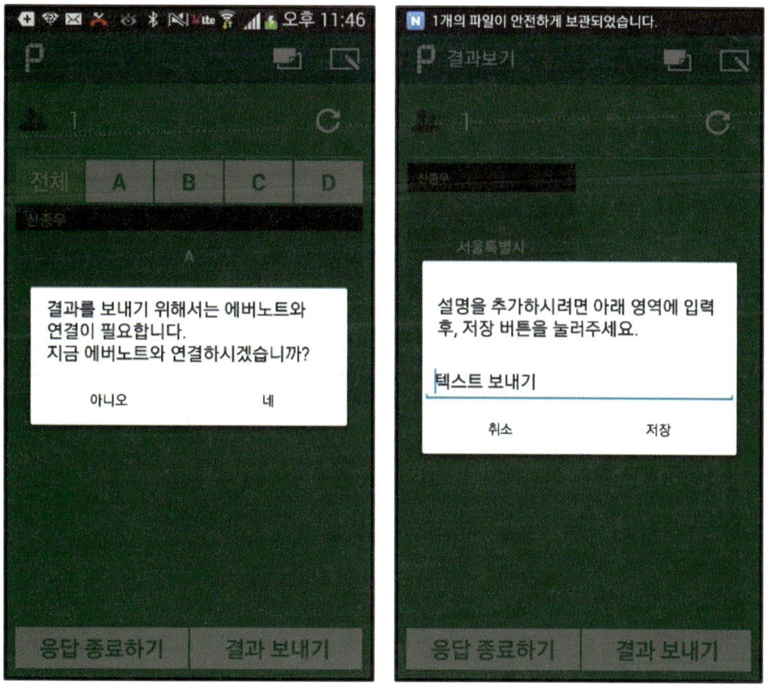

그림 1-34 전체 참여자의 답변을 에버노트로 클립핑

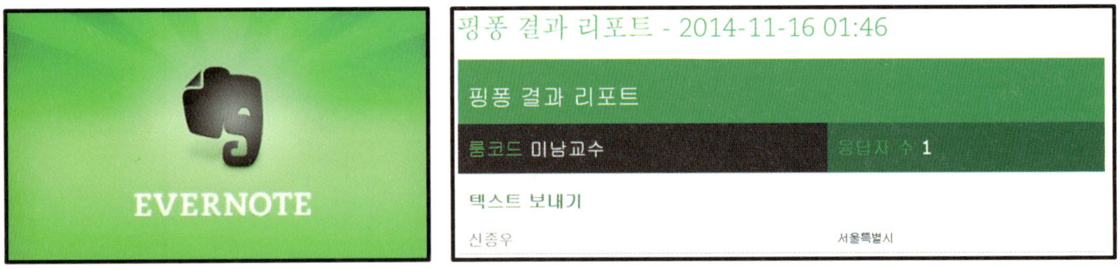

그림 1-35 에버노트에 클립핑된 전체 참여자의 답변 내용

5) 이미지 보내기

이미지 보내기는 참여자가 응답한 내용을 섬네일의 형태로 제공하며, 각 섬네일을 선택하면 이미지를 확대해서 확인할 수 있다. 진행자가 "참여자의 얼굴을 이미지나 사과를 빨간색 펜으로 그려서 보내주세요"라고 육성으로 진행한다.

바로 참가자의 창이 이미지 보내기로 바뀌면서 Camera, Photo album, 원하는 색상으로 그리기 한 다음 제출하면 보낸 이미지로 표시되고, 참여자는 진행자의 요청(최근 응답 하단 표시)으로 다시 되돌아간다. 필기도구를 통해 에버노트에서 불러온 자료의 중요 내용을 강조하고, 직접 그림을 그릴 수도 있다(그림 1-36~1-43).

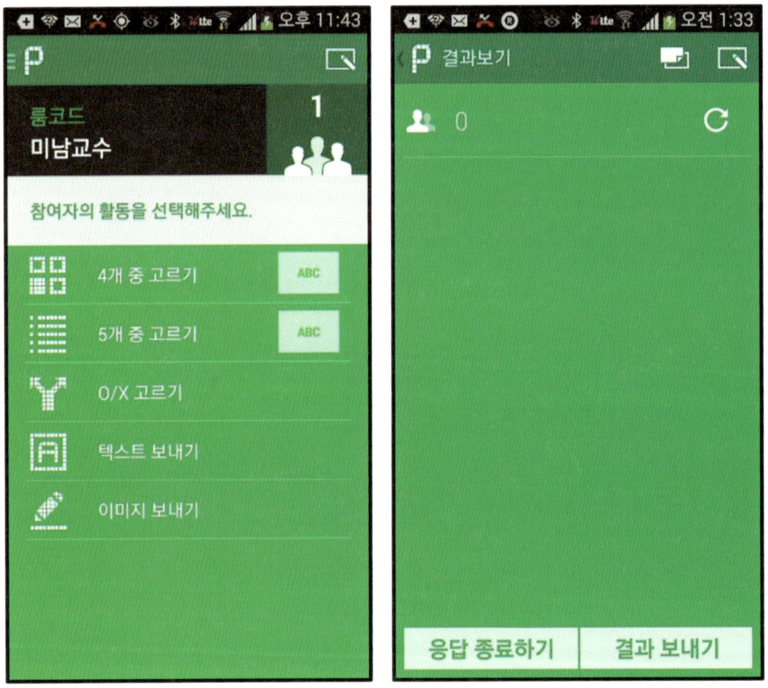

그림 1-36 이미지 보내기 진행

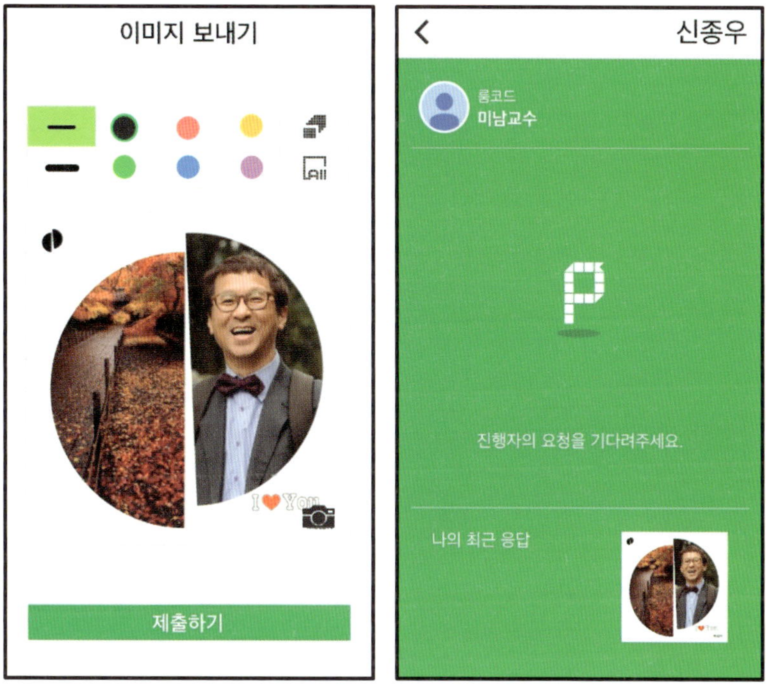

그림 1-37 참여자가 이미지 보내기 답변 입력

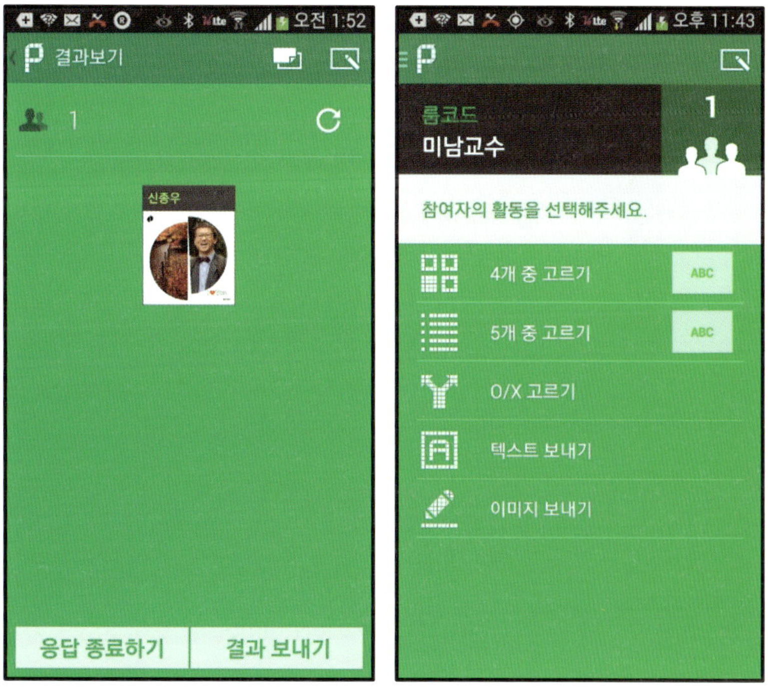

그림 1-38 전체 참여자의 답변(좌)으로 표시되면 응답 종료하기나 다른 질문하기(우)

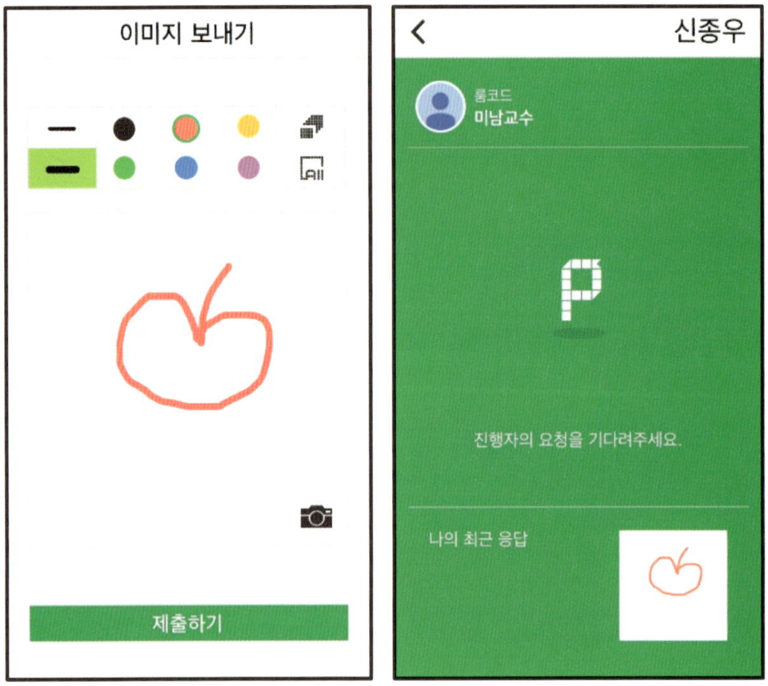

그림 1-39 참여자가 이미지 보내기 답변 입력

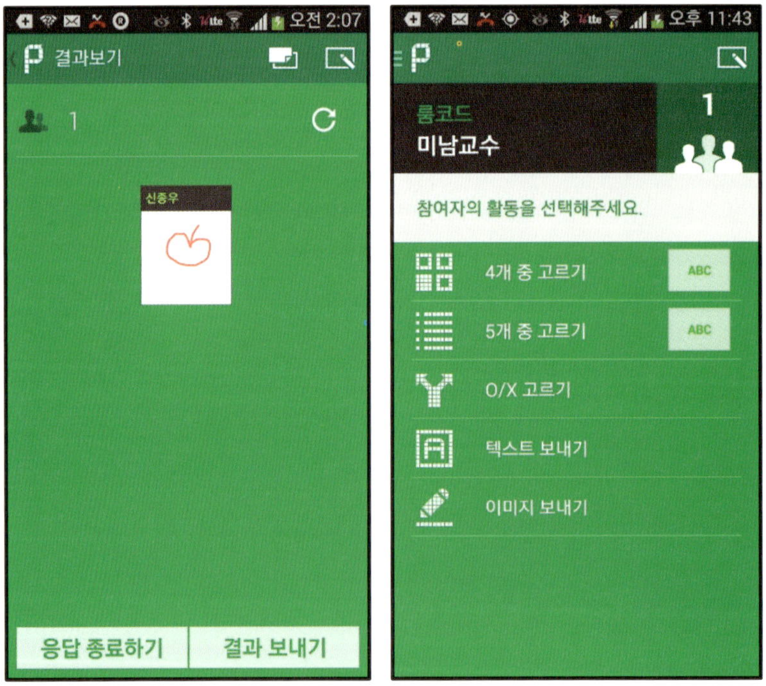

그림 1-40 전체 참여자의 답변(좌)으로 표시되면 응답 종료하기나 다른 질문하기(우)

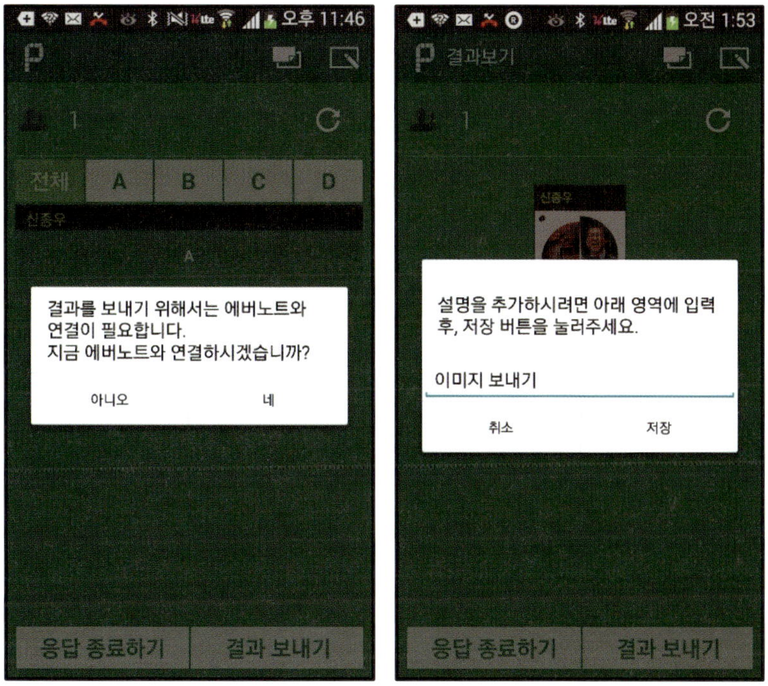

그림 1-41 전체 참여자의 답변을 에버노트로 클립핑

그림 1-42 에버노트에 클립핑된 전체 참여자의 답변 내용

그림 1-43 에버노트에 클립핑된 전체 참여자의 답변 내용

https://www.plickers.com

02

플리커스

Plickers

플리커(Plickers)는 교사의 1인 디바이스만으로 질문하고, 바로 응답받을 수 있는 양방향 수업을 진행할 수 있는 어플로 안드로이드와 iOS에서 이용할 수 있다. 학생들은 40~63명까지 생성 가능하며, 무료로 받을 수 있는 카드로 쌍방향 수업이 가능한 프로그램이다.

1. 시작하기

1) Plickers App 다운로드

학생들의 반응을 검사하기 위해 교수자는 모바일 응용 프로그램인 Plickers를 PC, App Store, Google play에서 Plickers App을 다운로드 하여 설치한다. 단, iPad인 경우에는 '아이폰 전용'으로 필터링 한 후 앱 스토어에서 Plickers를 다운로드 설치한다(그림 2-1~2-5).

진행자는 스마트폰이나 태블릿 PC에 Plickers 응용 프로그램을 이메일(e-mail) 계정으로 설치하여 학생들의 카드를 스캔하고 대답을 수집할 수 있도록 하며, 학생들은 모바일 등에 다운로드 할 필요가 없어 간단하다.

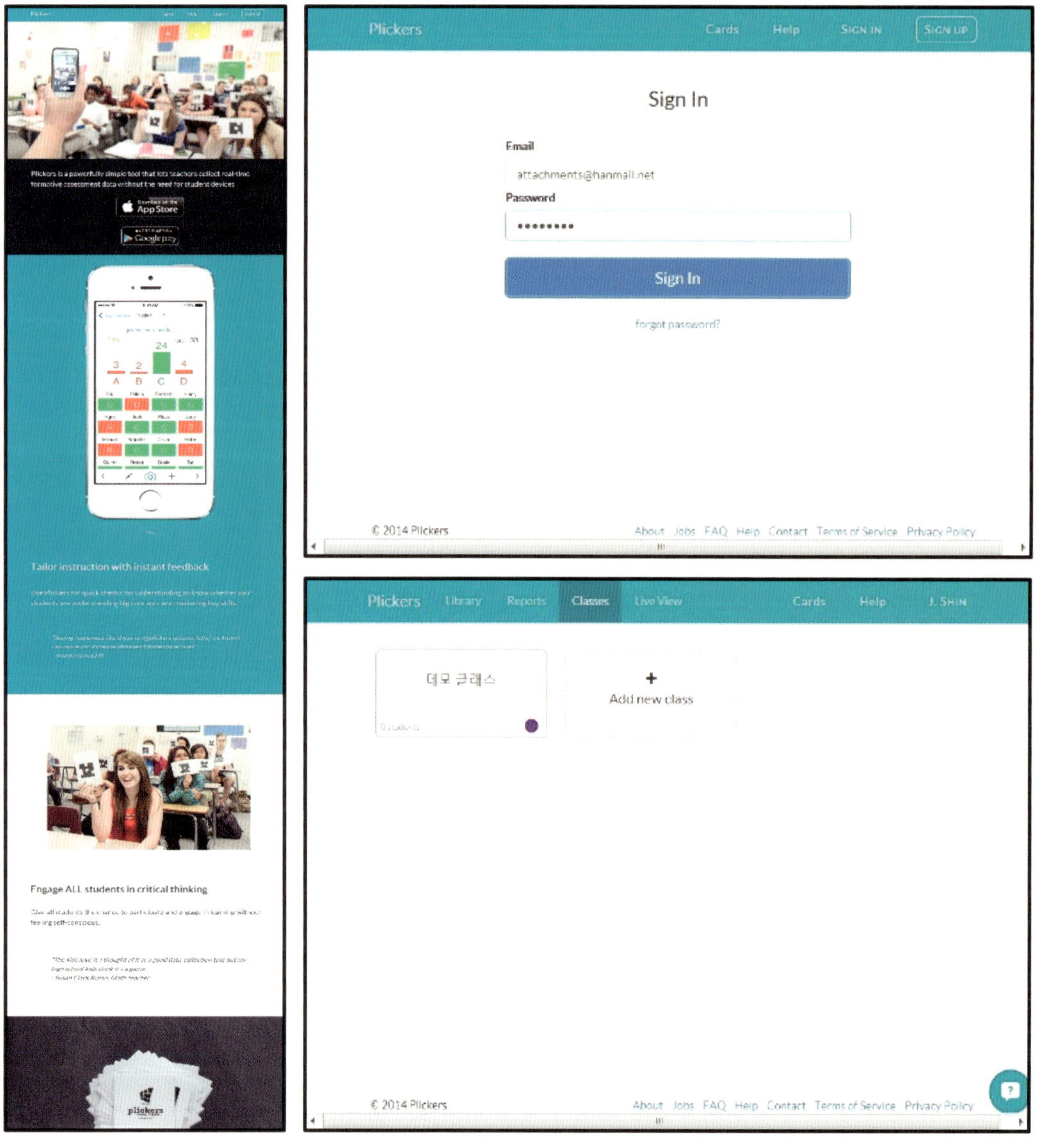

그림 2-1 PC에 Plickers 설치(https://www.plickers.com)

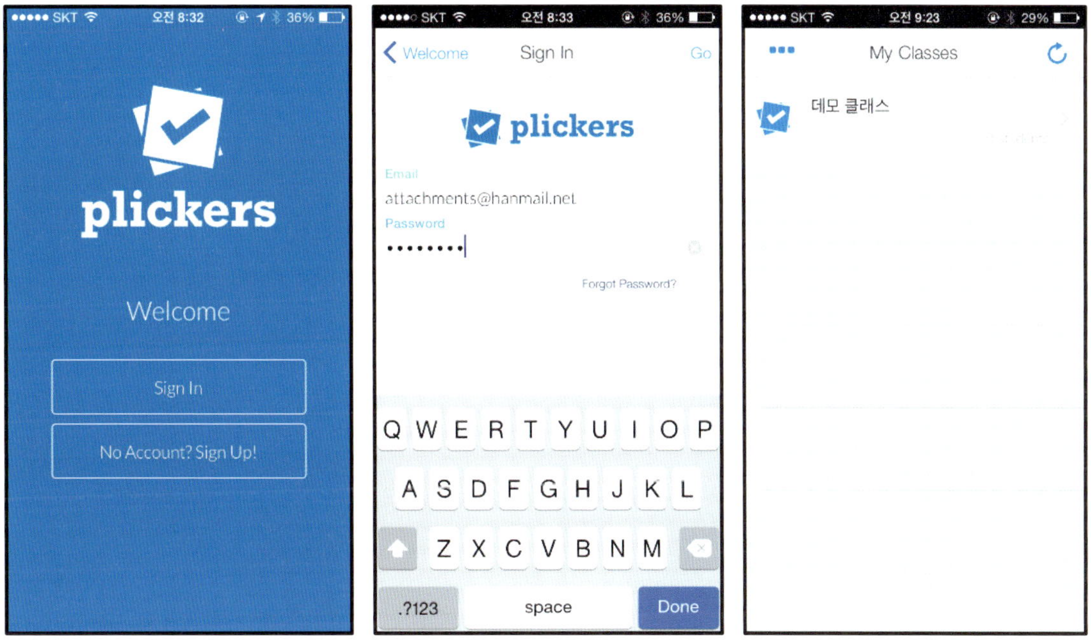

그림 2-2 스마트폰에 Plickers 설치

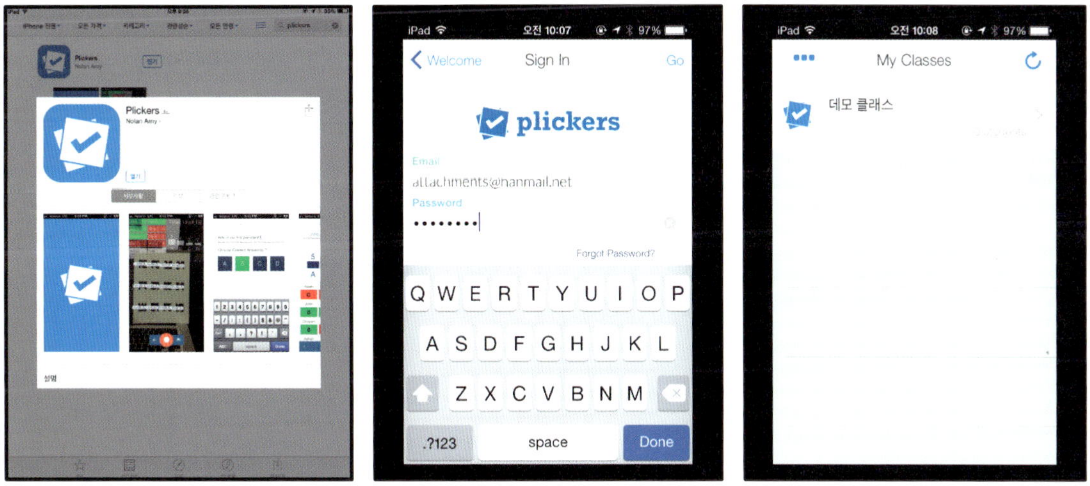

그림 2-3 iPad에 Plickers 설치

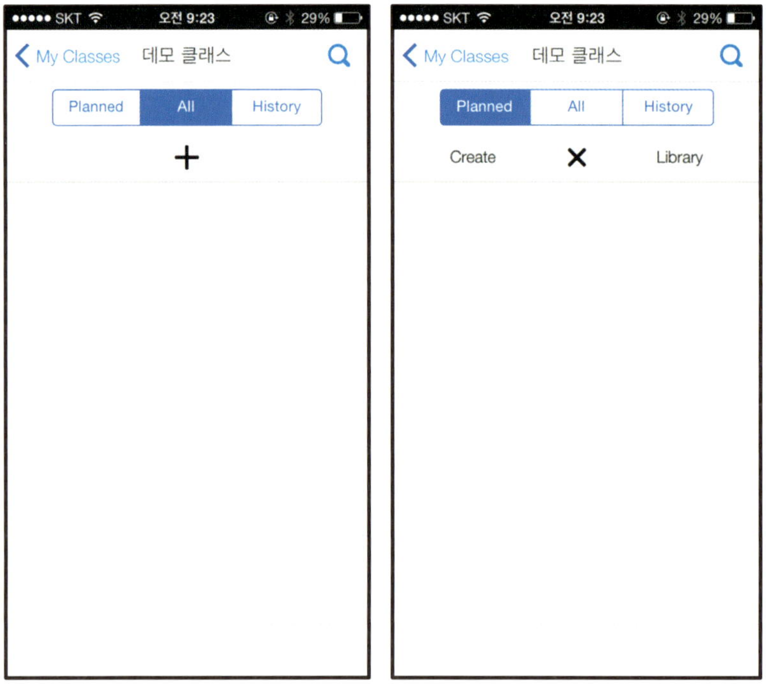

그림 2-4 데모 클래스

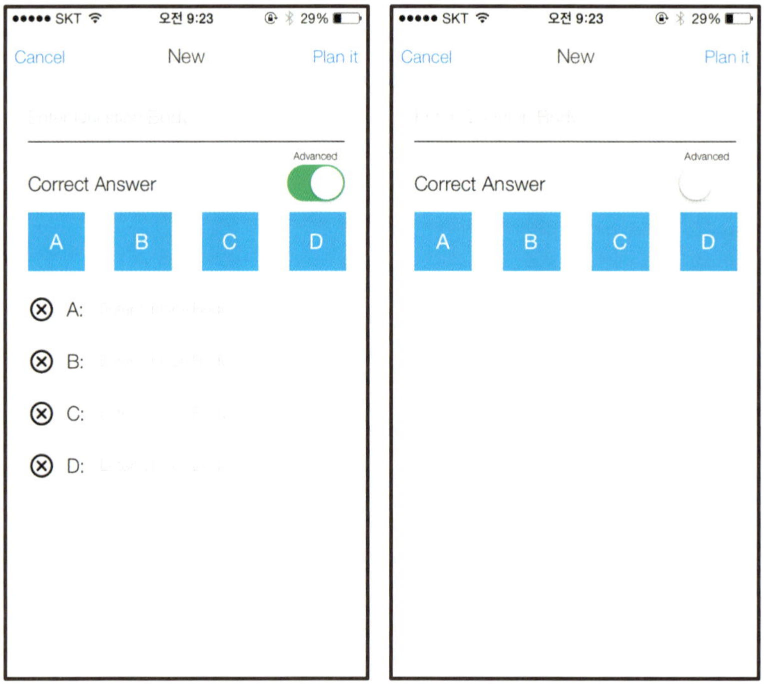

그림 2-5 4개 중 O/X 고르기

2. 스캐닝 하기

학생들의 카드를 스캔하고, 대답을 수집할 수 있도록 확인 질문을 만든 다음 질문 화면에서 아이폰은 하단, 안드로이드는 카메라 아이콘을 선택한다(그림 2-6).

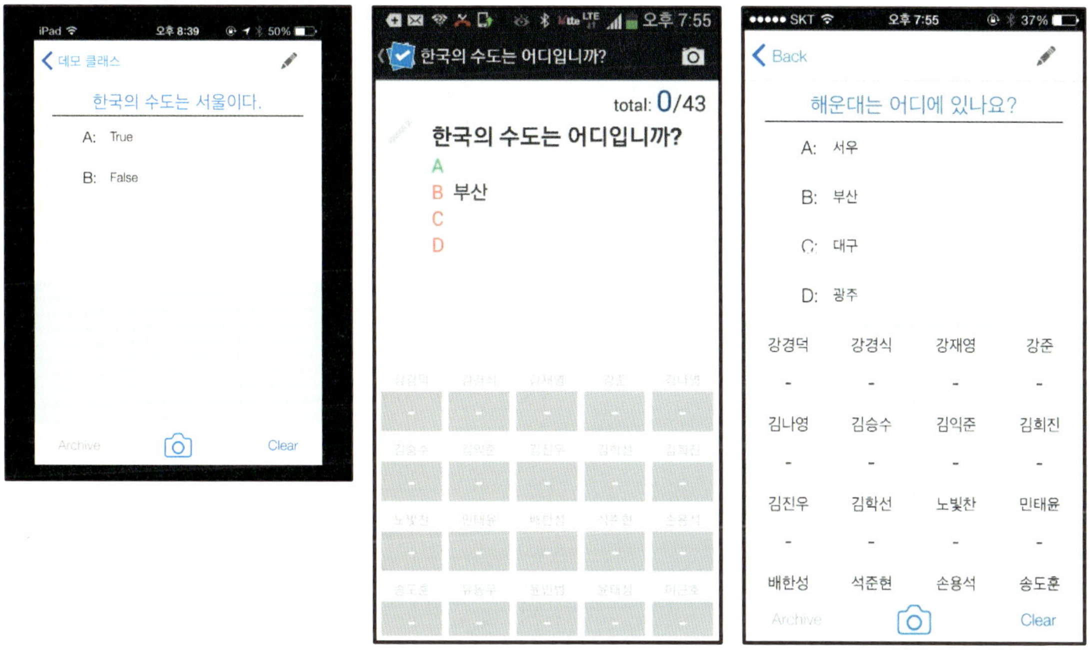

그림 2-6 스캐닝하기

학생들의 카드를 스캔하고, 세로 모드에서 수직으로 들게 하여 모바일 카메라로 캡처하면 많은 학생의 반응이 화면에 표시된다(그림 2-7).

그림 2-7 모바일 카메라로 캡처

3. 활용 팁

첫째, 손가락이 실수로 Plickers 코드를 가리지 않도록 가장자리만 자신의 카드를 잡도록 주지시킨다.

둘째, 조명이 너무 좋거나 밝은 빛에 있는 경우에는 응용 프로그램 속도를 느리게 할 수 있기 때문에 카드가 백라이트되고 있지 않은지 확인한다(예: 학생 뒤에 창).

셋째, 카드가 어떤 섬광이 있어 눈부심이 있는 경우에도 스캐닝에 문제가 될 수 있기 때문에 비광택 카드를 이용하도록 한다.

넷째, 스캔 거리가 너무 가깝거나 멀 경우에도 스캐닝에 문제가 될 수 있기 때문에 적어도 3피트 이상(표준 크기는 6~15피트 최적 스캔) 멀리하도록 한다.

4. 라이브 뷰

웹 사이트에 라이브 뷰 탭 클래스에 질문을 표시하고, 학생들의 선택에 답변하고, 스캔으로 자신의 실시간 응답을 공유할 수 있다. 라이브 뷰를 시작하려면 우선 진행자의 모바일 앱에 대한 대응을 수집하고 싶은 질문을 보고하고 있는지 확인한다(그림 2-8).

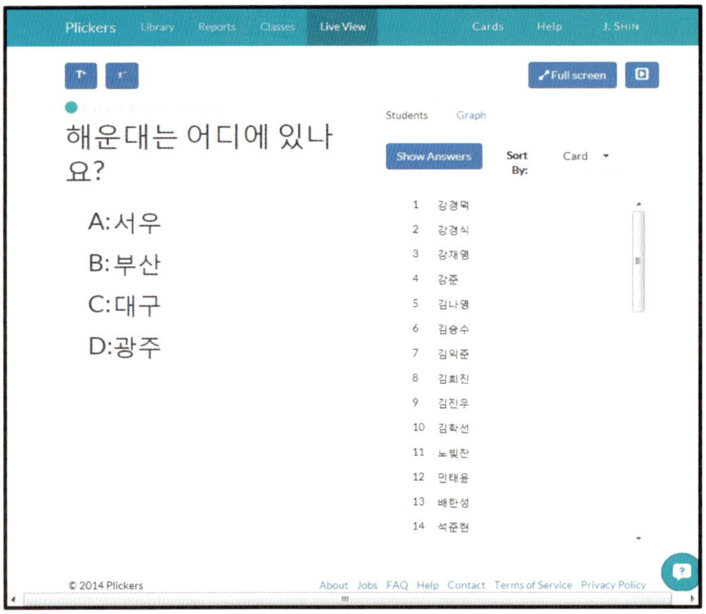

그림 2-8 라이브 뷰

라이브 뷰 탭을 클릭하면 잠시 후 선택한 질문과 답변 선택이 표시된다. 진행자가 당신은 학생들의 답변을 프롬프트로 사용하기 위해 확장 화살표 전체 화면 버튼을 클릭하여 전체 화면보기로 전환할 수 있다(그림 2-9).

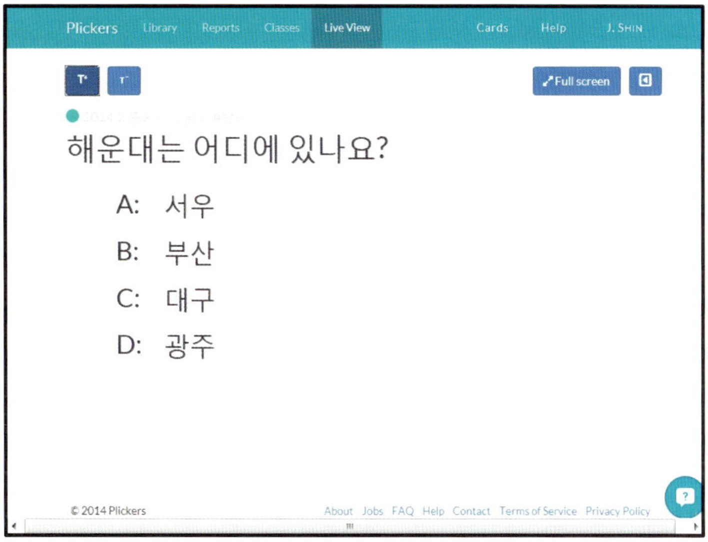

그림 2-9 라이브뷰 탭 클릭

준비가 되면, 학생들의 응답을 라이브 뷰가 스캔하면 확인 표시와 함께 업데이트 된다. 라이브 뷰 또한 교육에 도움이 될 수 있는 몇 가지 다른 견해를 가지고 있다. 그래프 보기는 클래스의 결과를 검토할 수 있으며, 개별 학생의 응답 패널 또는 그래프 보기 중 하나에 '보기 응답'을 추가하면 '올바른/잘못된 답변'을 볼 수 있다. 모바일 앱에 새로운 질문으로 전환할 경우 학생들과 함께 질문 및 검토 답변을 계속 표시할 수 있도록 라이브 뷰는 자동으로 새로운 질문으로 전환된다.

라이브 뷰의 모든 결과는 설문으로 실시간 클래스에 업데이트된다. 라이브 뷰에 대한 변경 텍스트 크기 및 디스플레이 옵션을 높이거나 라이브 뷰 화면의 텍스트 크기를 확대 또는 축소하려면 클래스 이름 위의 버튼 텍스트를 클릭하여 크기를 조정할 수 있다.

라이브 뷰에 학생 응답 패널만 표시되도록 숨기려면 다음 전체 화면 버튼 플렉스 패널 버튼을 클릭하고, 학생 응답 패널을 표시하려면 다시 플렉스 패널 버튼을 클릭한다(그림 2-10).

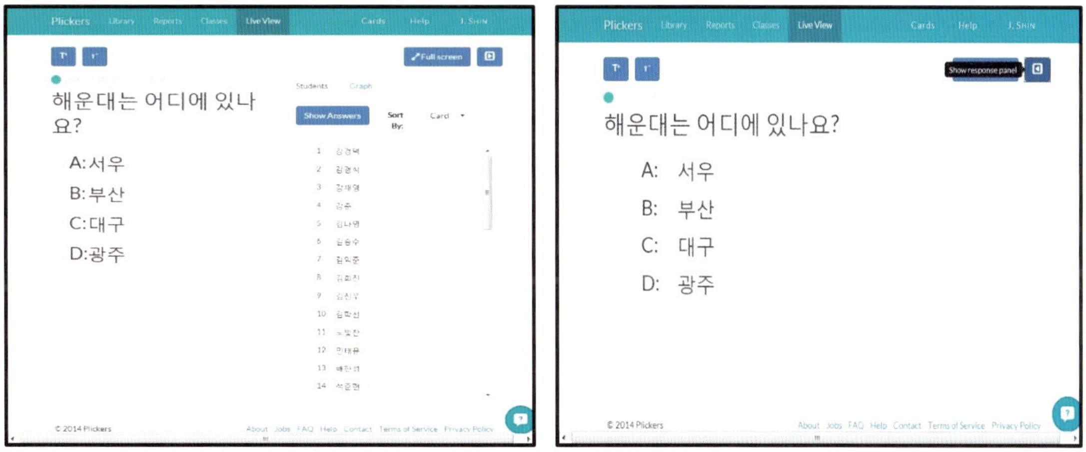

그림 2-10 학생 응답 패널 표시

5. 학생 클래스 만들기 및 추가

Plickers.com에서 모바일 앱과 동일한 진행자의 아이디로 로그인한 다음 상단의 클래스 메뉴에서 [+ 새로운 클래스 추가]를 선택한다(그림 2-11).

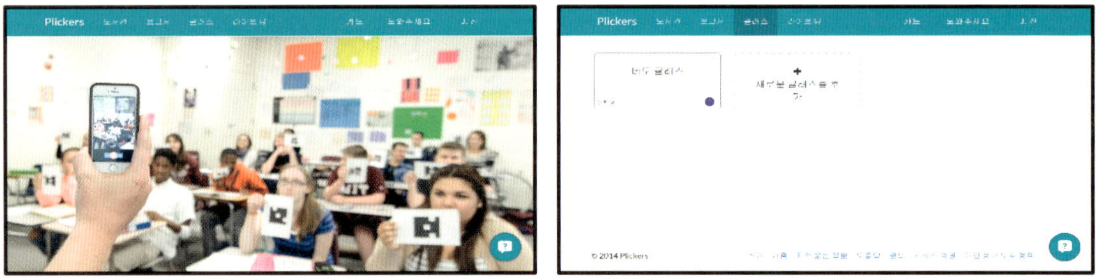

그림 2-11 새로운 클래스 추가

[+ 새로운 클래스 추가]를 선택하여 기본 클래스 정보란에 사용자의 정보인 클래스 이름을 입력하고, 년, 제목, 클래스 색상을 선택하고 저장한다(그림 2-12).

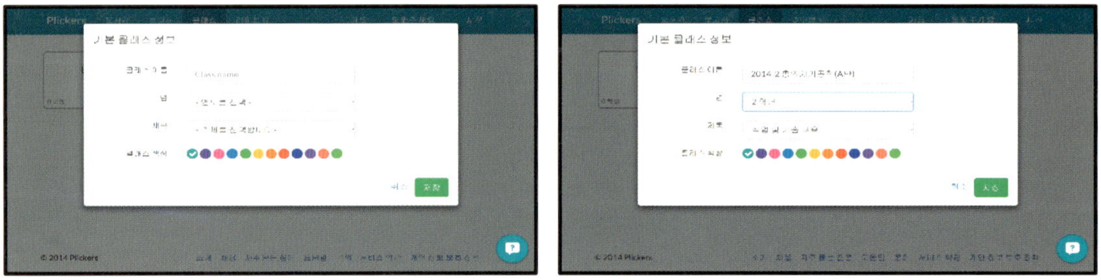

그림 2-12 기본 클래스 정보 입력

진행자의 질문에 대한 학생 개인 데이터를 검토할 수 있도록 Plickers는 각 학생에게 고유한 카드 번호를 할당할 수 있다. 학생 이름을 입력하고, 'Enter'키를 누르면 하단에 카드 번호와 함께 순서대로 설정된다(그림 2-13, 2-14).

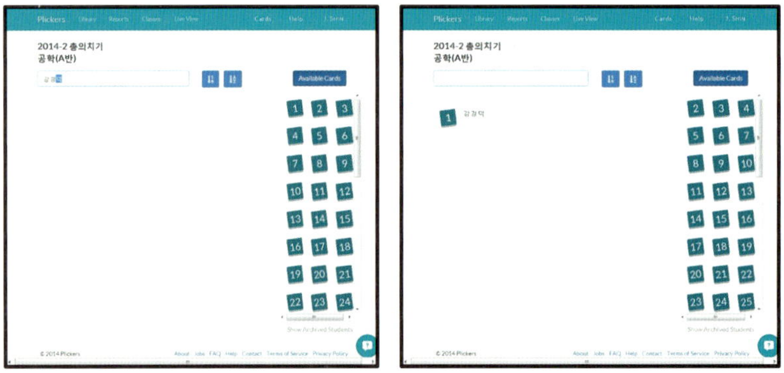

그림 2-13 카드번호

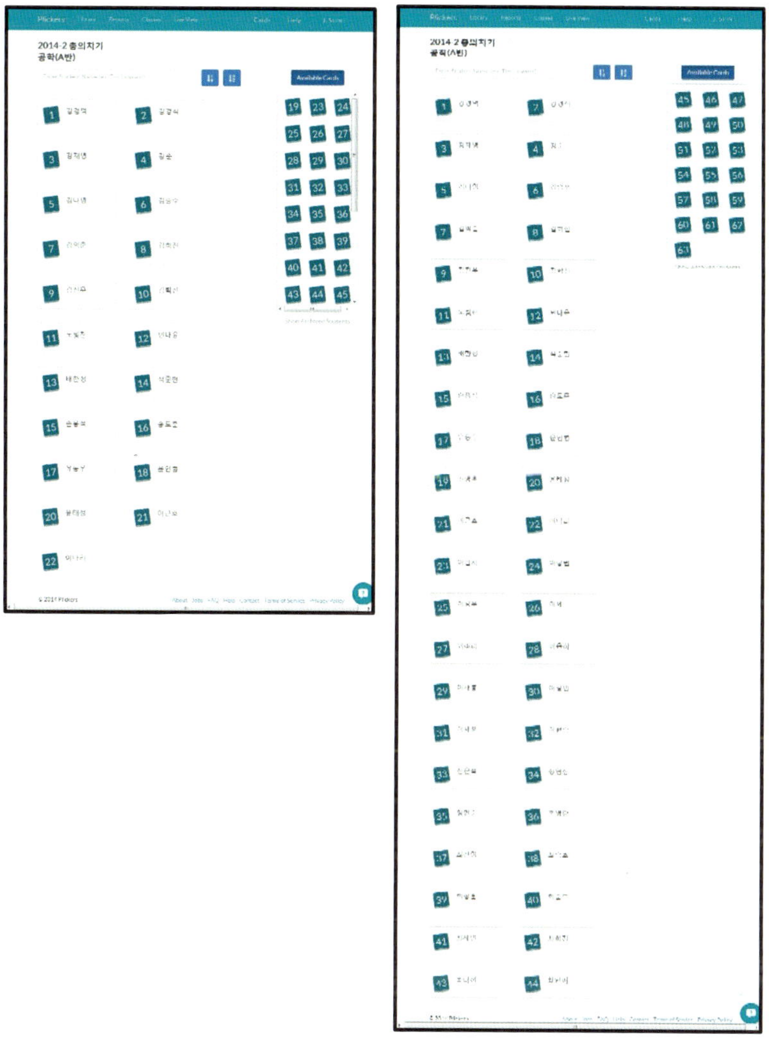

그림 2-14 학생 이름 입력

[+ 새로운 클래스 추가]를 하기 위해서 앞의 방법과 동일하게 입력하면 된다(그림 2-15).

그림 2-15 새로운 클래스 추가

6. 클래스 편집

클래스 탭에서 클래스 위로 마우스를 가져가면 오른쪽 상단의 드롭 다운 메뉴의 화살표를 눌러 '편집 클래스'를 선택하여 세부 사항을 변경하고 저장할 수 있다(그림 2-16).

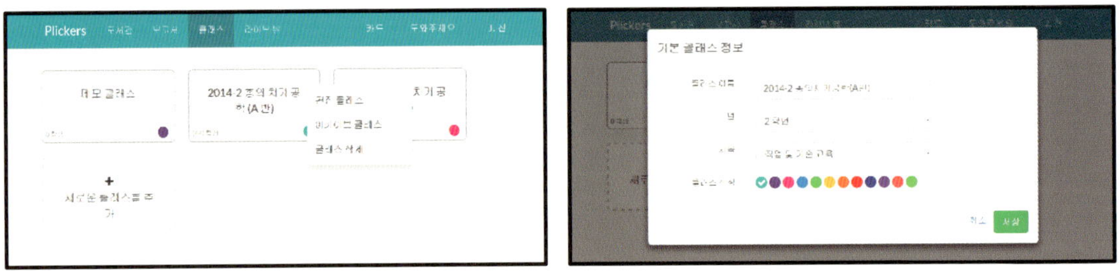

그림 2-16 클래스 편집

클래스에 대한 편집을 끝낸 경우에는 변경 사항을 모바일 앱과 반드시 동기화해야 한다(그림 2-17). 이 일이 표시되지 않는 경우에는 모바일 앱의 홈 화면으로 이동하고 '새로 고침'을 눌러 클래스 이름을 업데이트 한다.

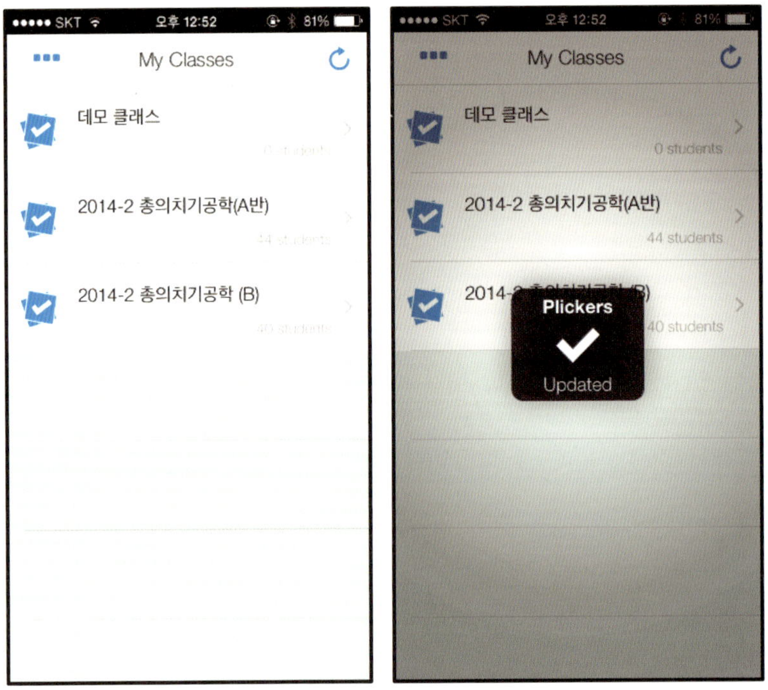

그림 2-17 모바일 앱과 동기화

7. 보관 및 삭제 클래스

웹 사이트의 클래스 탭으로 이동하여 오른쪽 상단의 드롭 다운 메뉴 화살표를 눌러 클래스를 삭제(Delete)하거나 보관(Archive)할 수 있다(그림 2-18, 2-19).

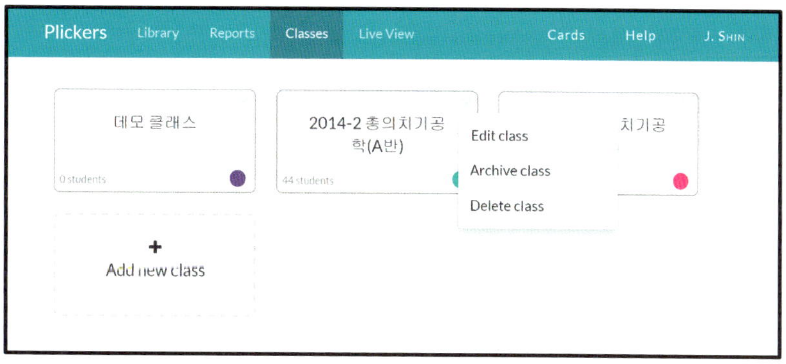

그림 2-18 편집, 보관, 삭제

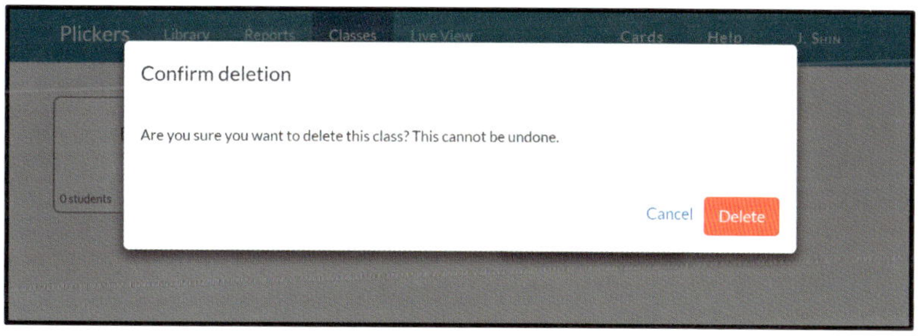

그림 2-19 클래스 삭제

클래스 보관 및 취소하기 위해서는 클래스 탭으로 이동하여 페이지 하단에 있는 '보기 보관 클래스' 링크를 클릭하면 보관 클래스를 볼 수 있다. '보관 취소 클래스'에 드롭 다운 메뉴 옵션에서 선택하면 된다(그림 2-20, 2-21).

그림 2-20 보관 클래스

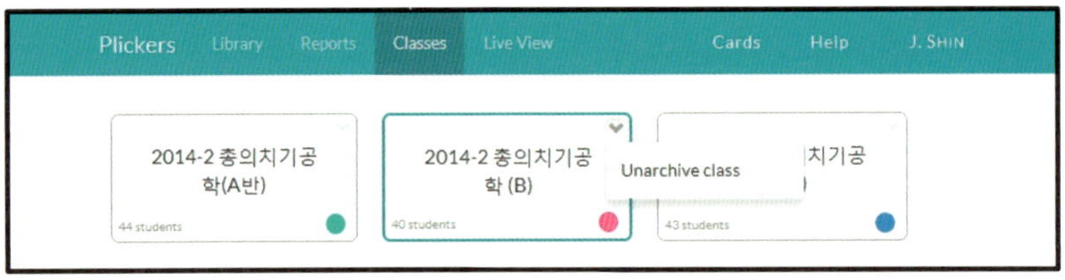

그림 2-21 보관 취소 클래스

8. 학생 이름 편집 및 보관 또는 삭제

클래스 탭에서 편집하고자 하는 클래스를 클릭한 다음 학생 명단보기를 열고 난 후 드롭 다운 메뉴 화살표를 클릭하여 '편집 학생'을 선택하고, 첫 번째와 마지막 이름 필드를 편집한 후 변경 사항을 저장한다(그림 2-22).

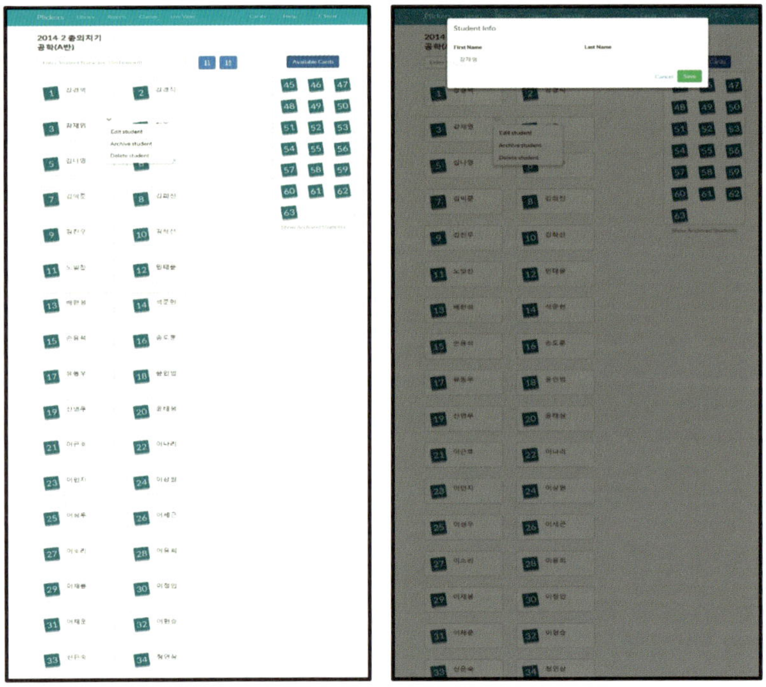

그림 2-22 학생 이름 편집

클래스 명단을 볼 수 있는 클래스 탭에서 드래그 앤 드롭으로 클래스를 클릭한 다음 클래스 명단보기에서 보관하거나 삭제하고자 하는 학생을 선택한다(그림 2-23).

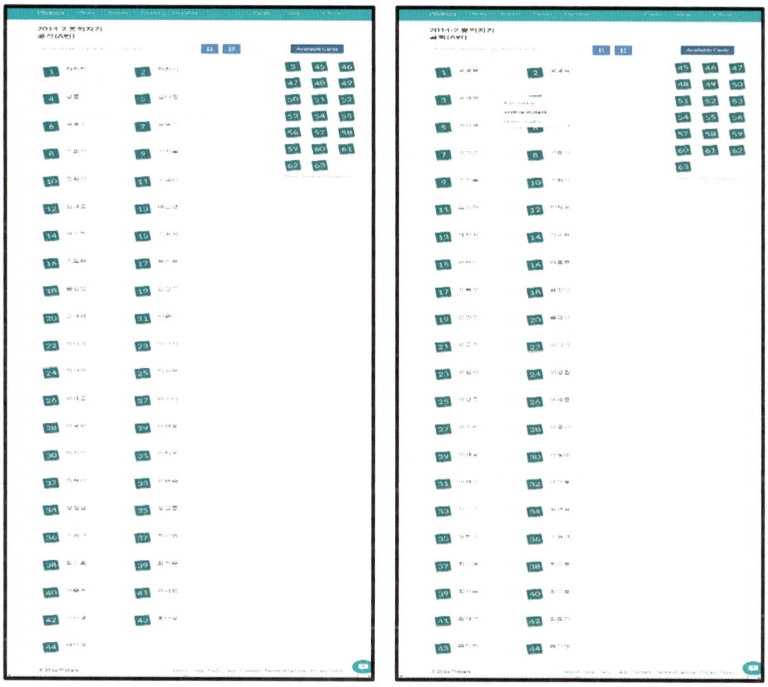

그림 2-23 학생 이름 보관 및 삭제

학생 명단을 보관 및 취소할 경우에 학생 명단보기를 열어 이래의 '보기 보관된 학생'에 대한 링크를 클릭한 다음 활성 클래스 명단으로 돌아가려면 '보관 취소 학생' 링크를 클릭하면 된다(그림 2-24).

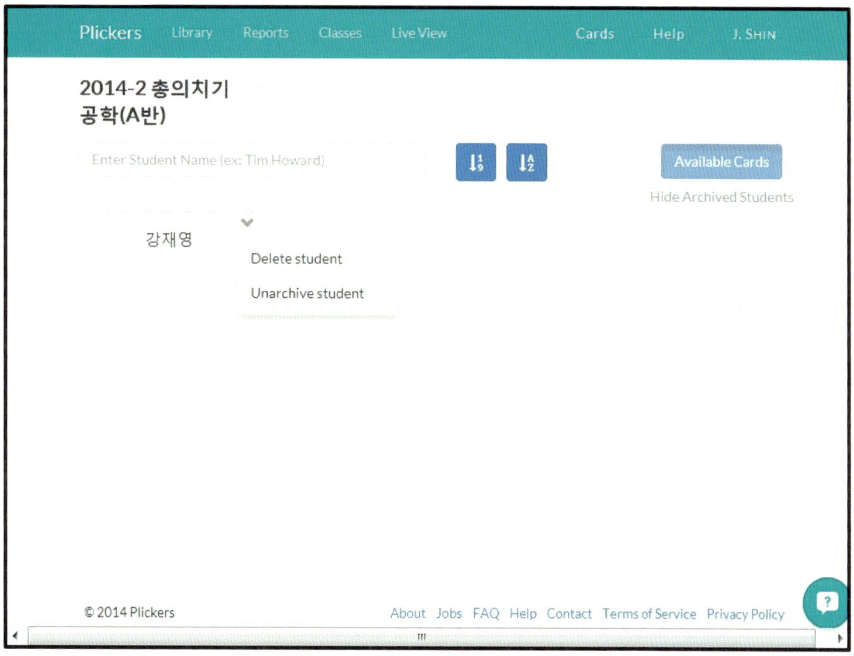

그림 2-24 보관 취소 클릭

9. 질문 및 설문 조사

1) 웹에 질문 추가

라이브러리에서 상단 바의 질문 항목 상자에 4가지 중 선택이나 참/거짓에 질문을 입력하면서 답안을 공개한다. 4가지 중 선택이나 참/거짓에 질문의 유형을 설정하고, 삭제하려면 답변에 X를 클릭하여 불필요한 답변 선택을 삭제할 수 있다(그림 2-25~2-34).

단순히 어떤 답(들)이 올바른지에 대한 체크 박스를 클릭하여 정답을 설정하거나, 정답을 설정하지 않고 Plickers 카드를 스캔할 수 있다. 질문을 저장하려면 [저장]을 클릭하면 '클래스에 대한 질문을 계획하라'는 메시지가 표시된다. 진행자가 원하는 만큼 많은 클래스를 확인할 수 있으며, 동일한 클래스를 여러 번 선택할 수 있다. 클래스에 대한 질문을 계획하면 바로 모바일 앱의 '계획' 질문 목록에서 사용할 수 있다.

2) 4가지 중 선택 및 참/거짓 선택

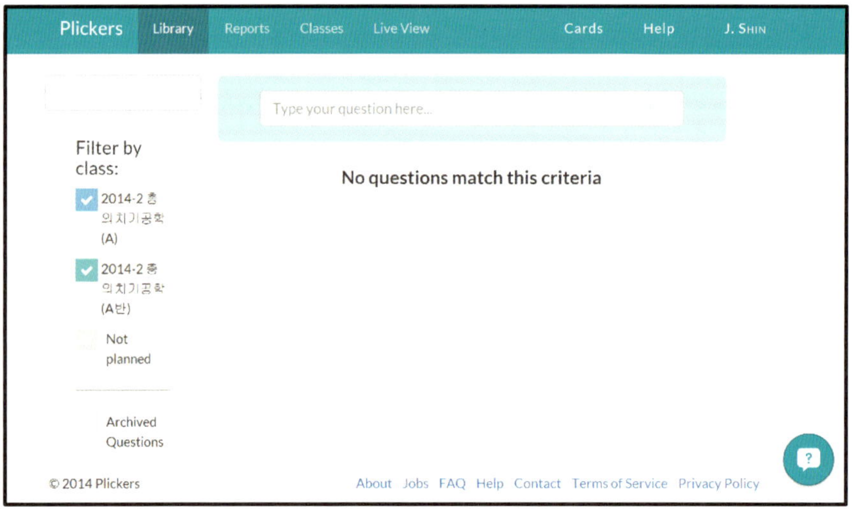

그림 2-25 웹에 질문 추가

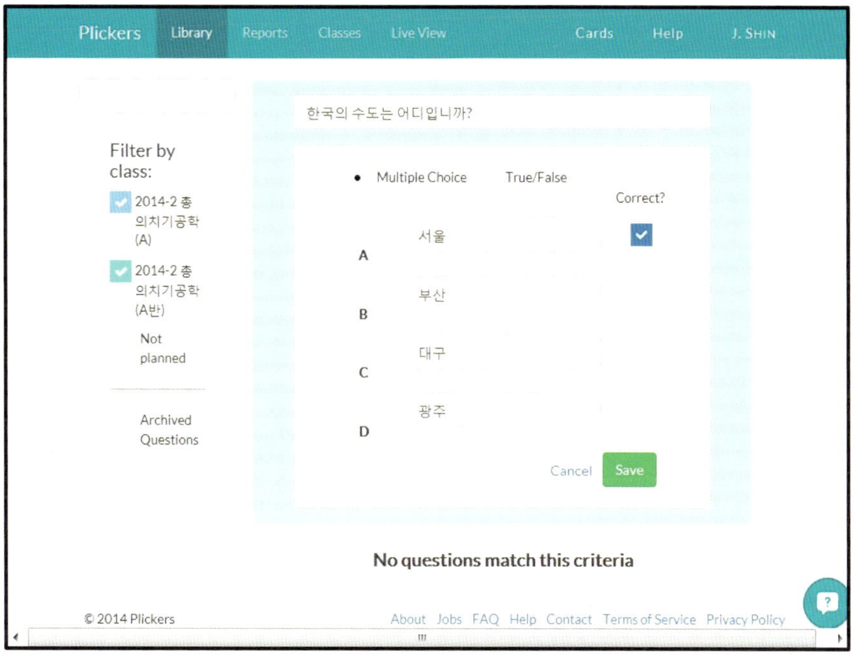

그림 2-26 4가지 중 출제

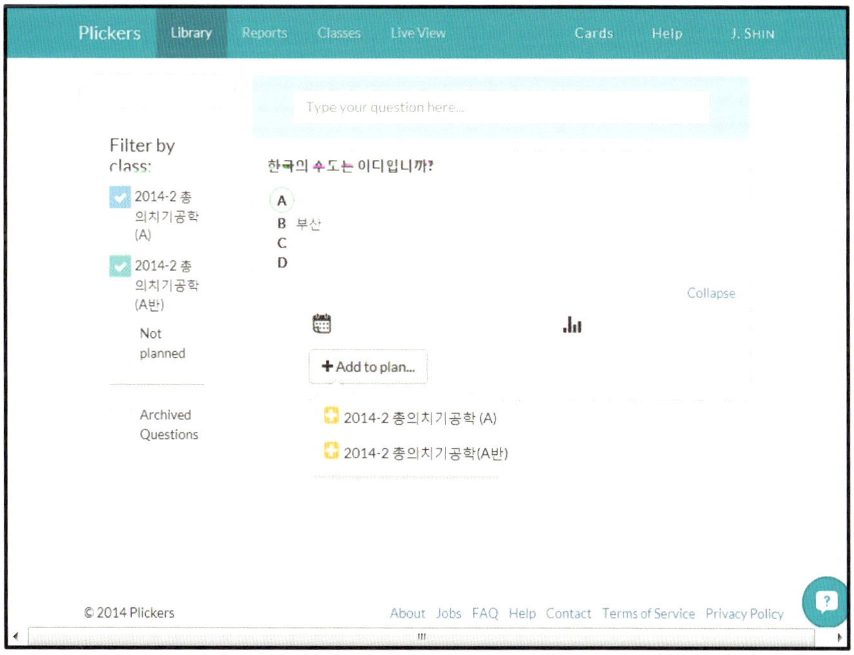

그림 2-27 참/거짓 출제

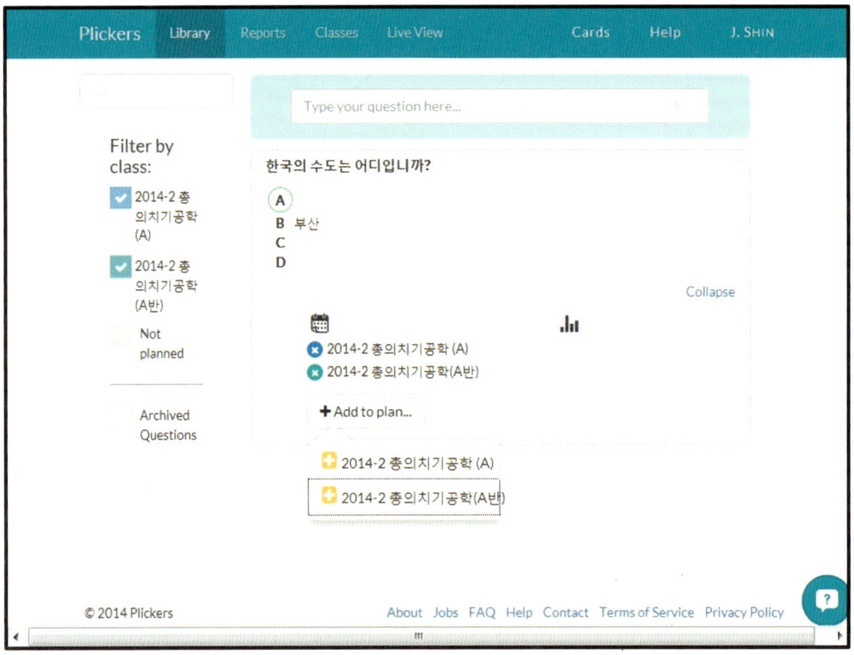

그림 2-28 클래스 선택

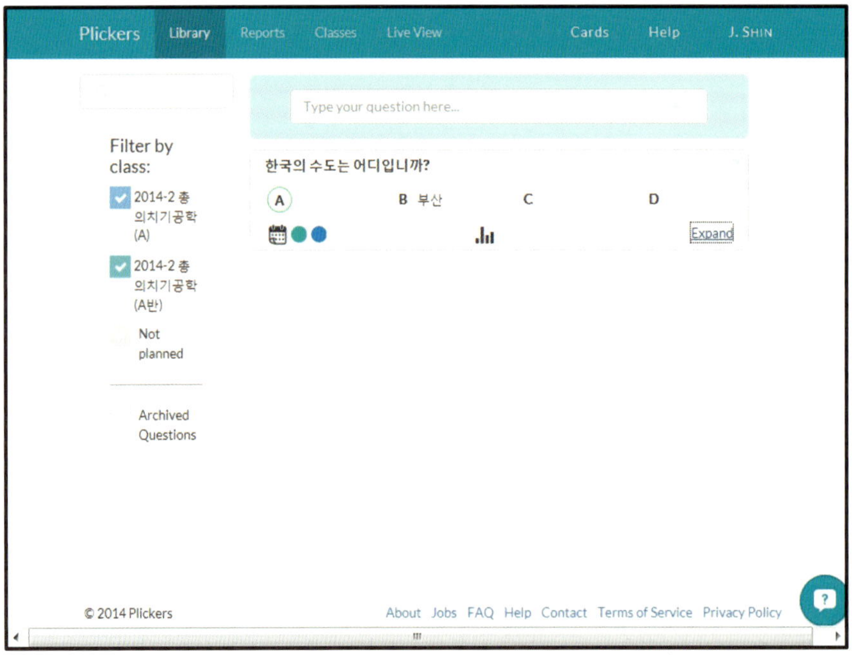

그림 2-29 4가지 중 문제

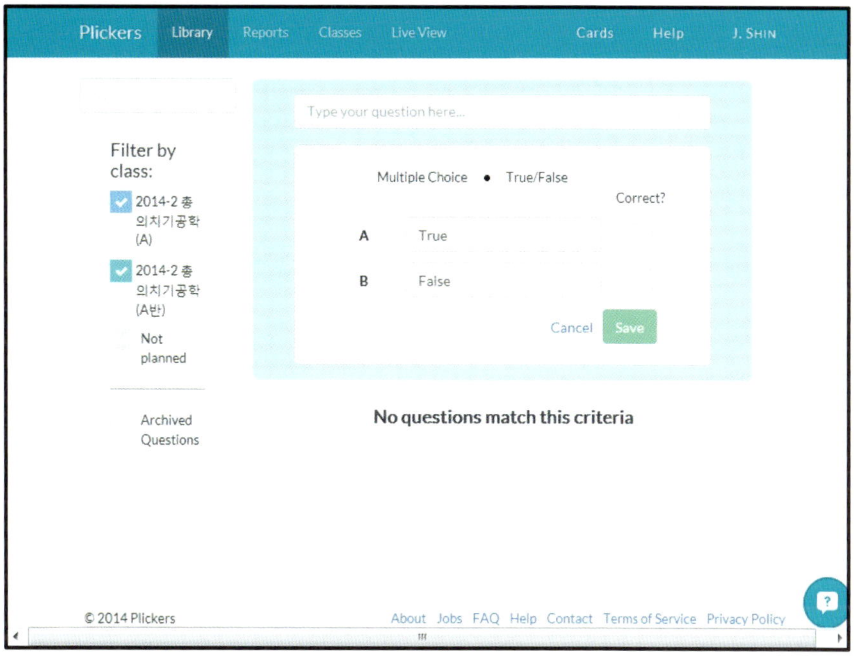

그림 2-30 참/거짓 문제

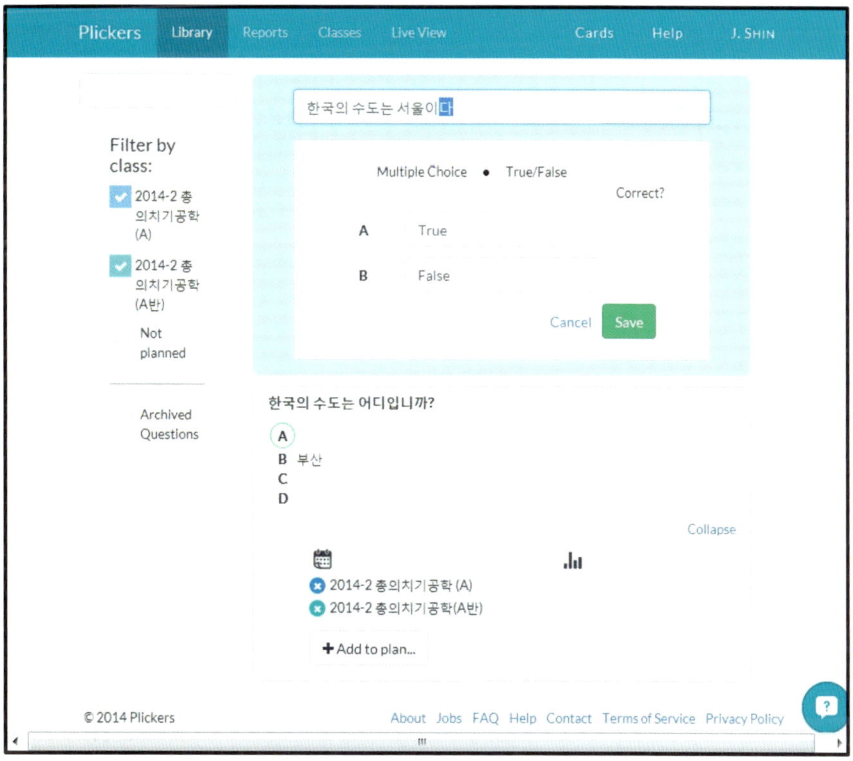

그림 2-31 참/거짓 문제 정답 설정

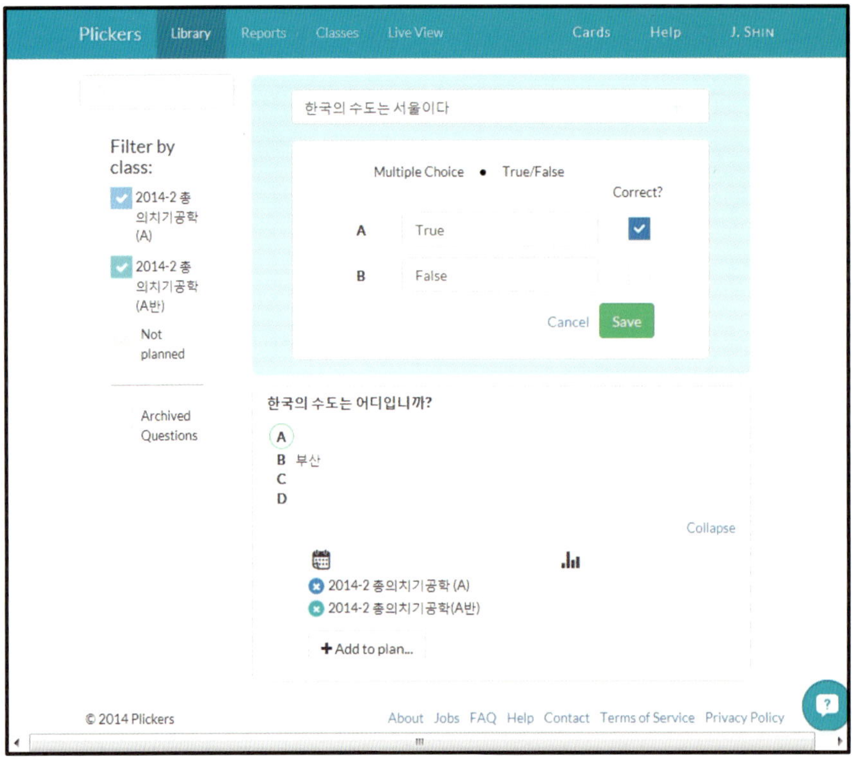

그림 2-32 정답 설정

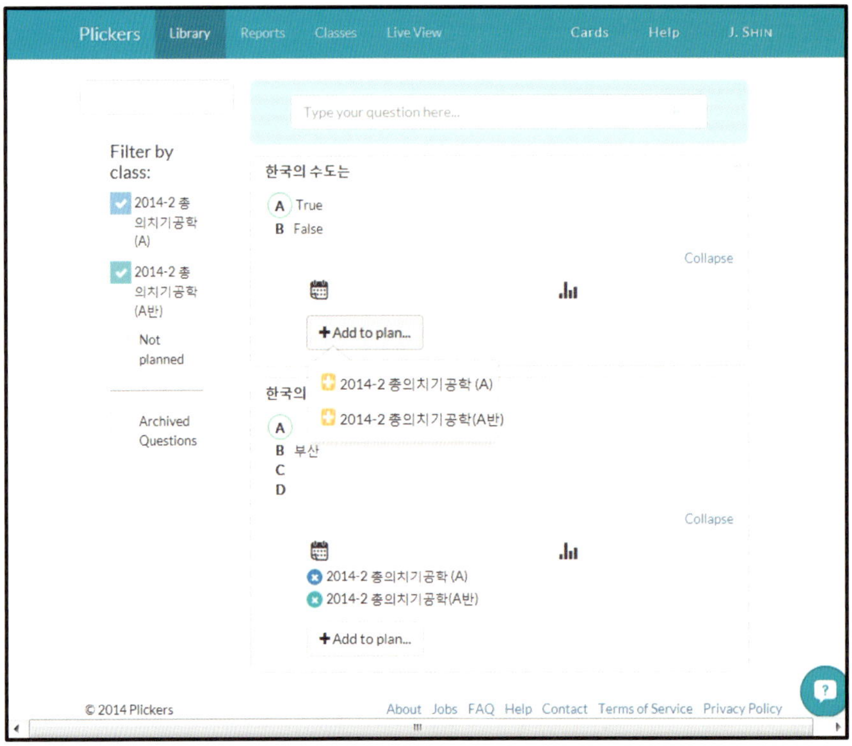

그림 2-33 클래스 선택

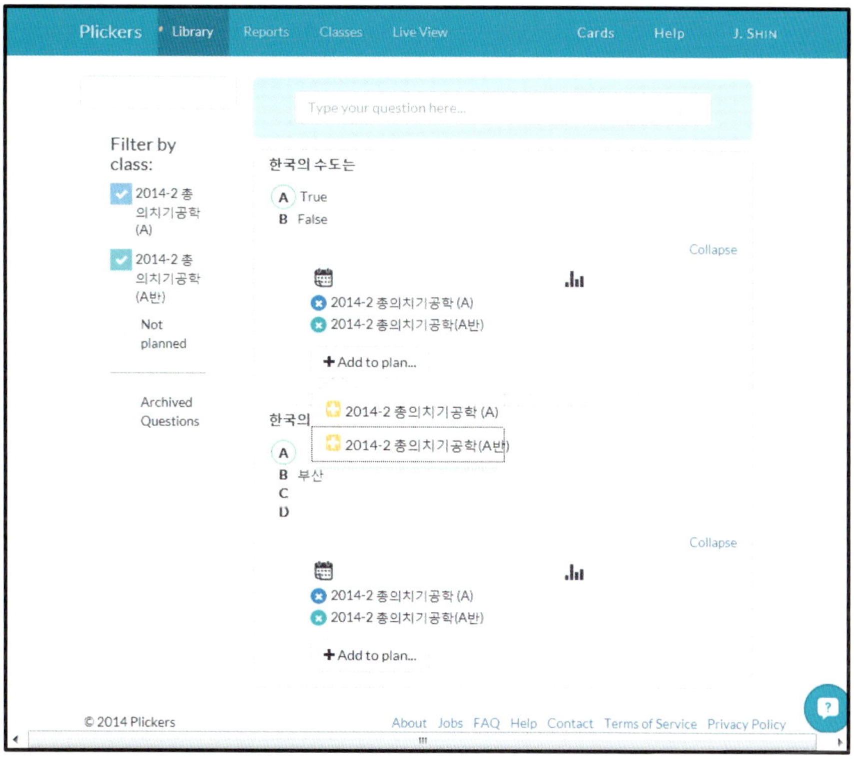

그림 2-34 클래스 선택

10. 웹에서 편집 질문과 질문 보관 및 취소

라이브러리에서 편집하고, 상단 오른쪽 구석에 표시되는 회색 드롭 다운 메뉴 아이콘을 클릭하여 원하는 질문 위로 마우스를 가져가서 편집 문제를 선택한다. 즉시 질문이나 대답 필드에 텍스트를 편집하고 질문에 대한 변경 사항을 저장한다(그림 2-35, 2-36).

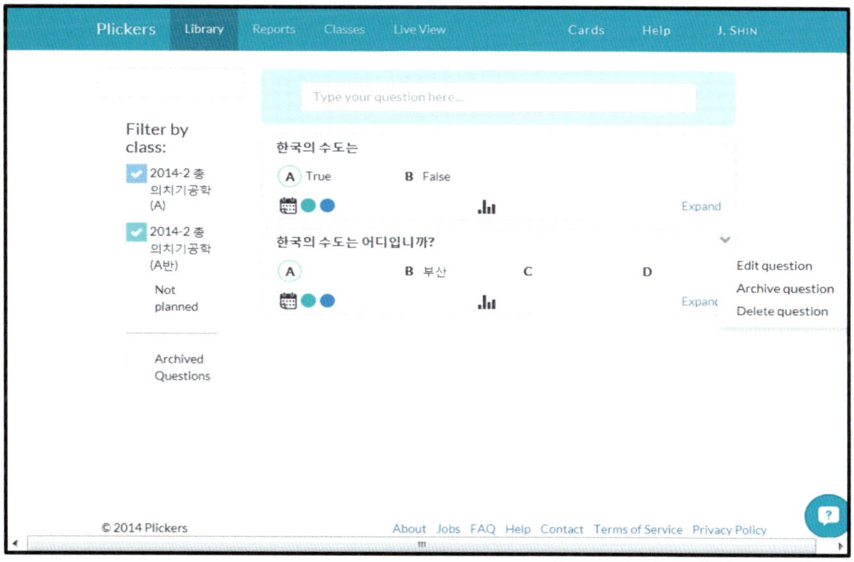

그림 2-35 질문 편집 및 보관

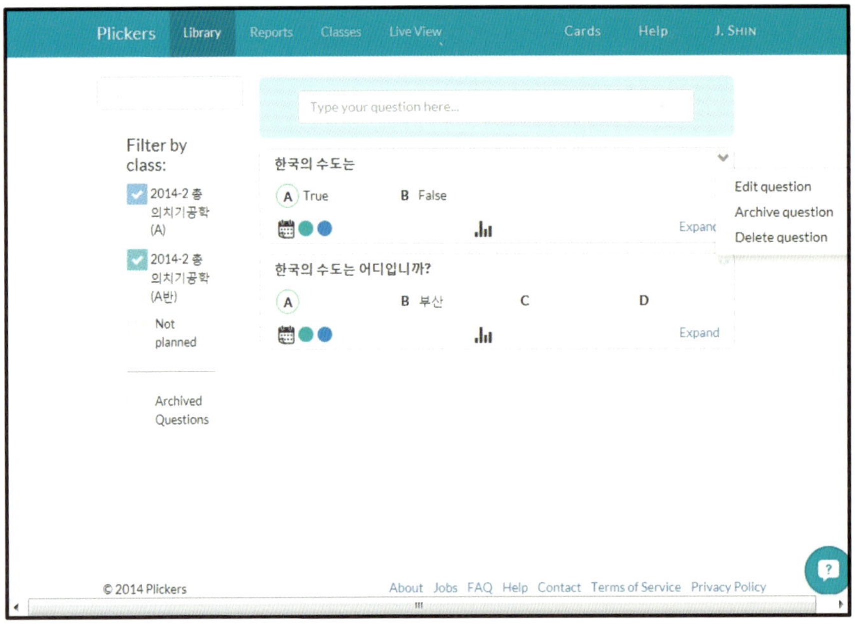

그림 2-36 질문 편집 선택

질문 보관 및 취소 웹 사이트의 라이브러리 탭에서 '보관된 질문' 확인란을 선택하고, 드롭 다운 메뉴에서 보관을 취소하고자 하는 질문 위로 마우스로 '보관 해제 문제'를 선택한다(그림 2-37, 2-38).

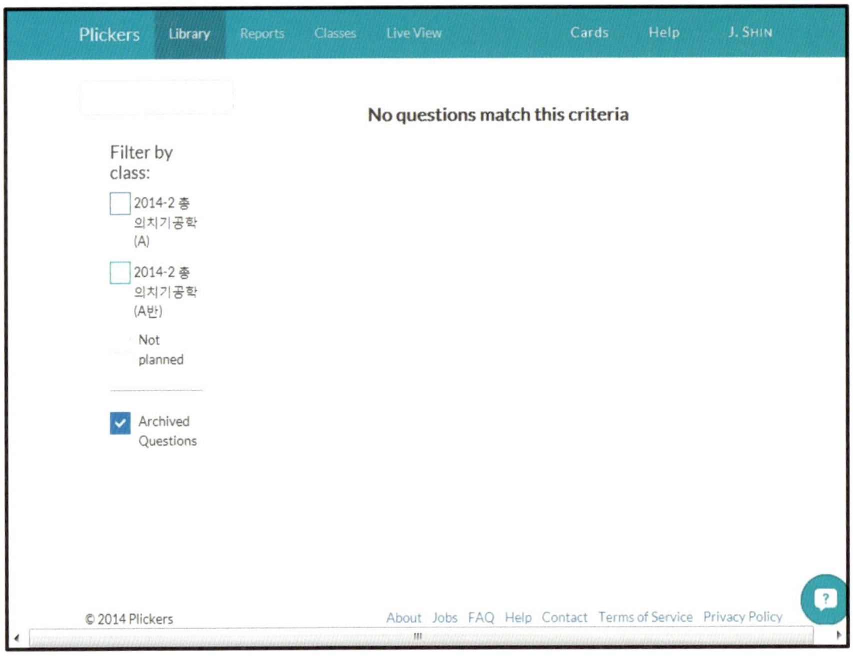

그림 2-37 보관된 질문 확인

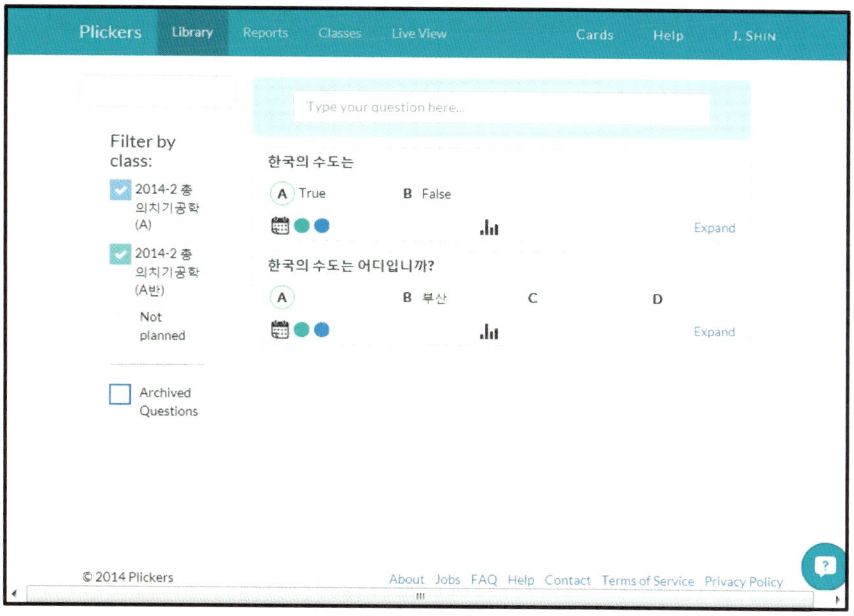

그림 2-38 보관 해제 문제

11. 모바일 앱에 질문 추가

클래스 목록으로 홈 화면에서 질문을 생성하고자 하는 클래스를 선택하고, 새로운 질문을 추가하려면 화면 상단 중앙에 있는 [+] 버튼을 누른다. 그런 다음 선택 '만들기' 새 질문을 만든 다음 글자 답안 중 하나를 눌러, 하나가 있는 경우 정답을 설정하는데 본인이 원할 경우 여러 개의 정답을 선택할 수 있다. 또는 정답을 설정하지 않고 Plickers 카드를 스캔할 수 있다. 질문을 하기 시작하기 위해 응답 선택 텍스트를 추가할 필요가 있는 경우 전체 응답 필드에 텍스트를 입력하고, 응답 선택 텍스트 필드를 공개한다(그림 2-39~2-42).

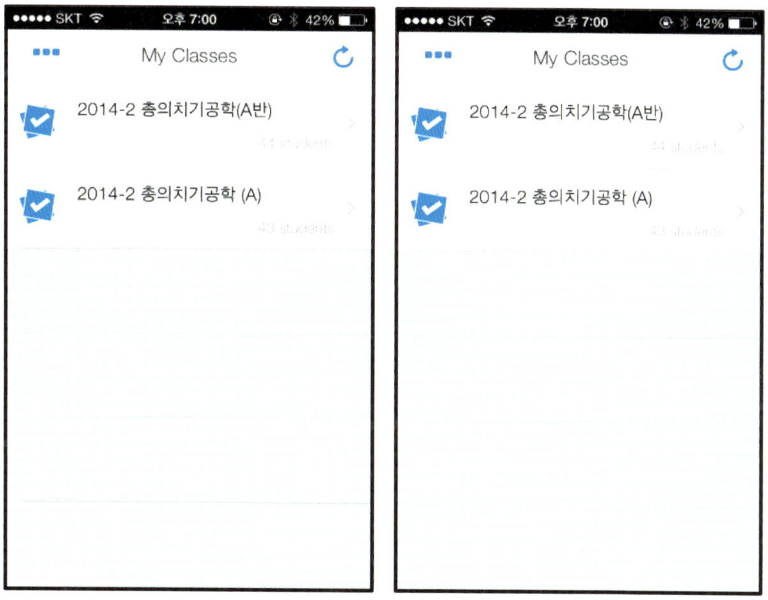

그림 2-39 모바일 앱에 질문 추가

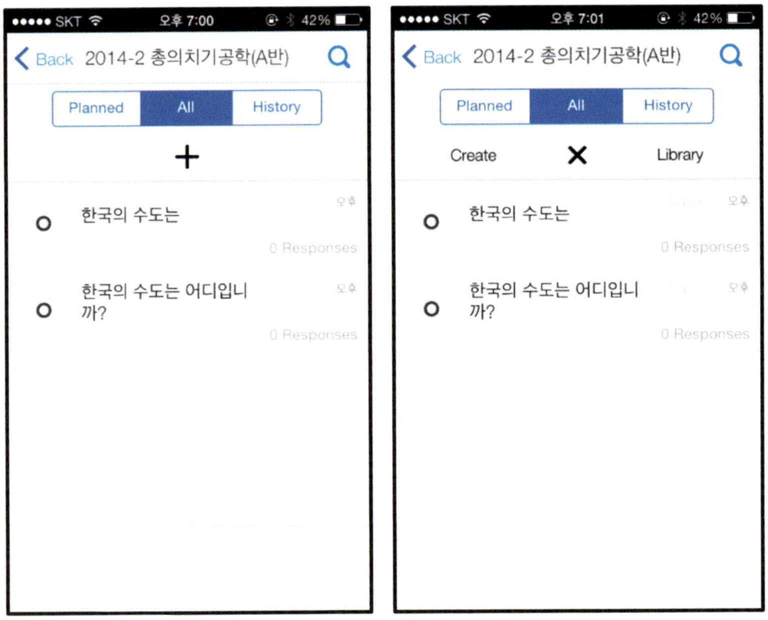

그림 2-40 모바일 앱에 문제 출제

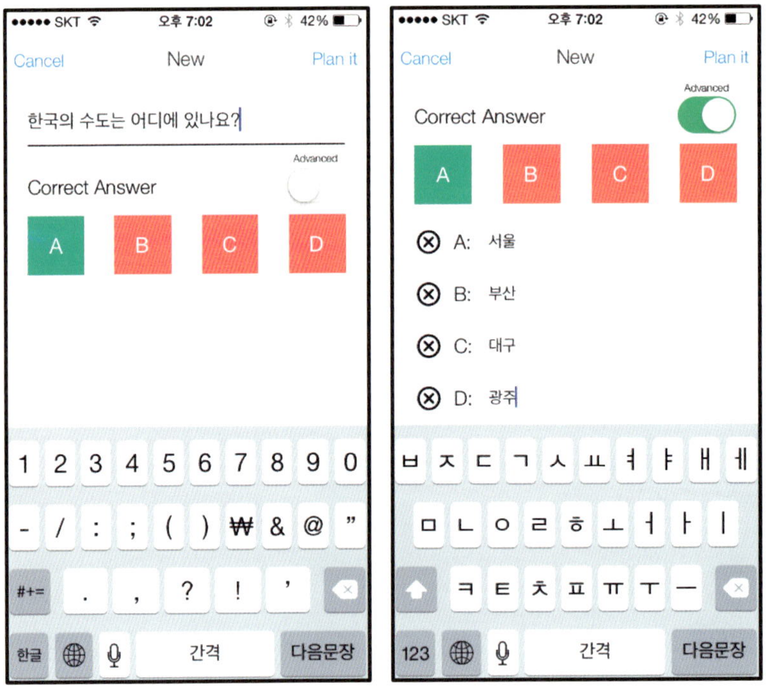

그림 2-41 모바일 앱에서 4가지 중 문제 진행

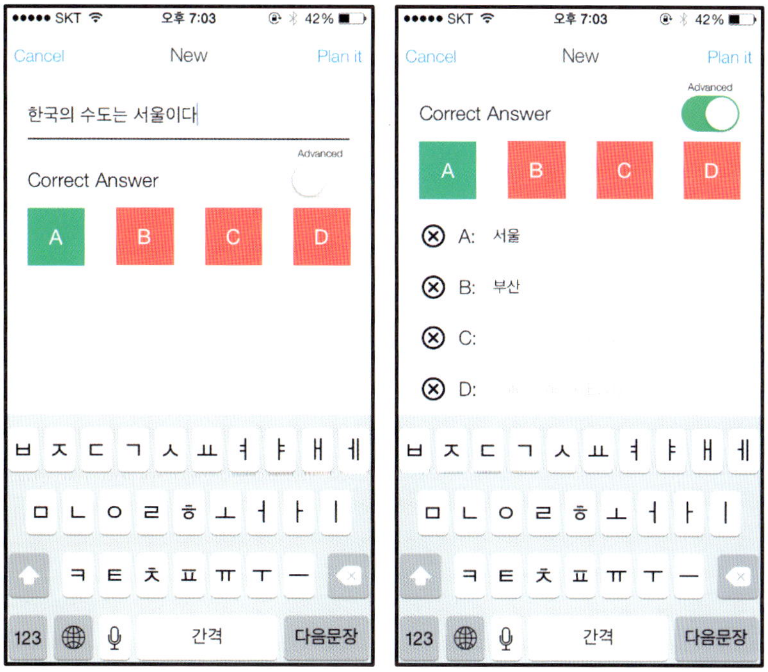

그림 2-42 모바일 앱에서 참/거짓 문제 진행

12. 모바일 앱에서 라이브러리 질문 찾기

대부분 이미 웹 사이트에 생성한 질문을 사용하려고 시도하고 있지만 수업 진행 시 상황에 따라 본 수업에서 질문을 진행할 수 있다. 이러한 경우에 새 질문을 생성하는 화면의 하단에 있는 [+] 버튼을 누른다(그림 2-43~2-45).

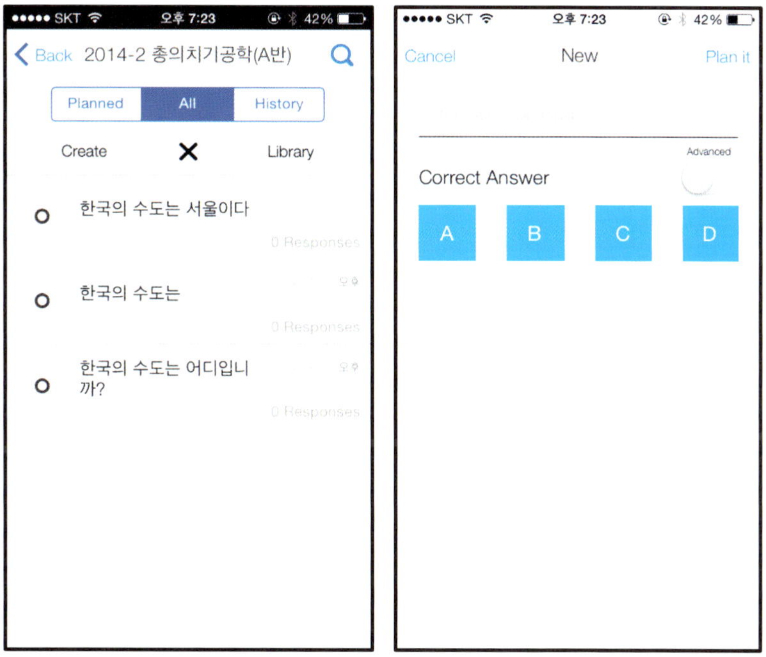

그림 2-43 라이브러리 질문 찾기

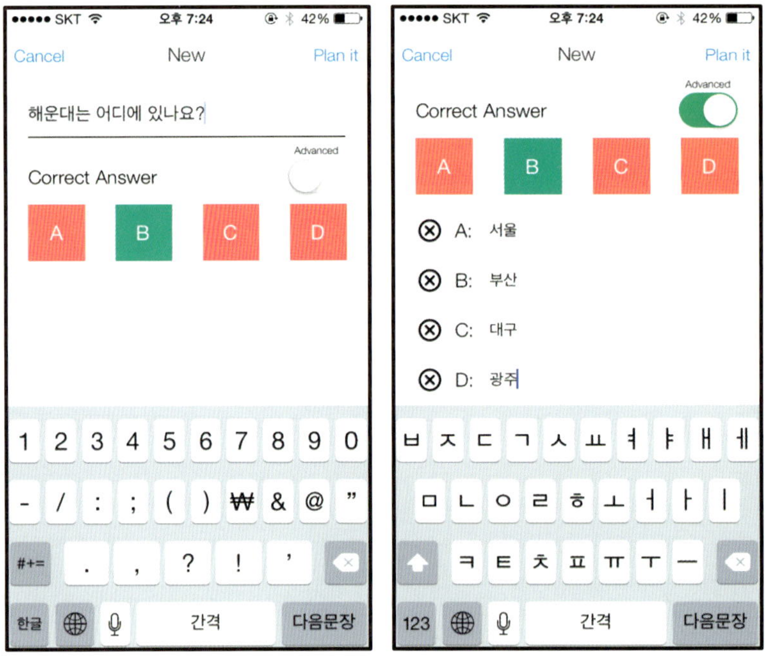

그림 2-44 질문 진행

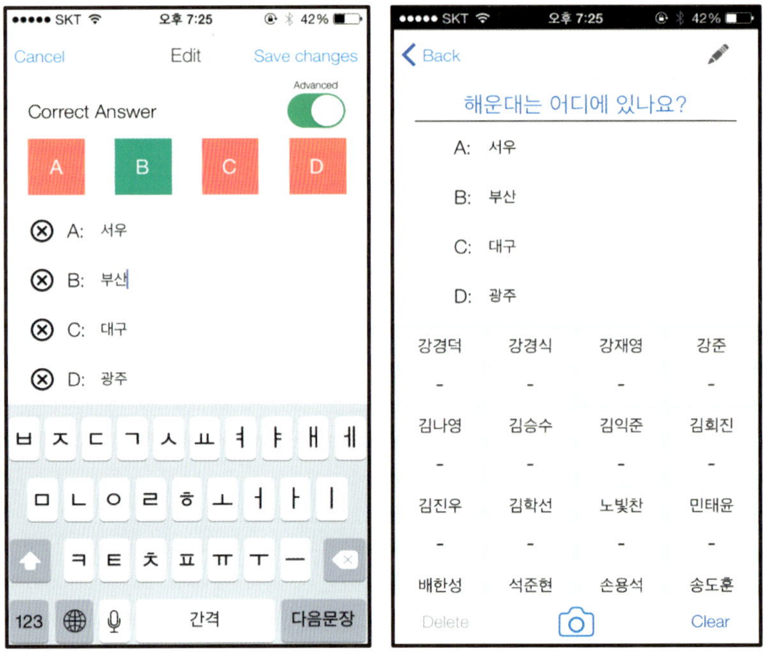

그림 2-45 결과

13. 모바일 앱에 응답 지우기

질문을 다시 하고 싶은 경우 이전에 수집된 응답을 지워도 괜찮다면, 모바일 앱에서 응답을 지울 수 있다. 모바일 앱의 기록 목록에서 완성된 설문 조사를 클릭한 다음, 이전에 수집된 학생들의 답안을 모두 삭제하려면 'clear'를 선택한다(그림 2-46).

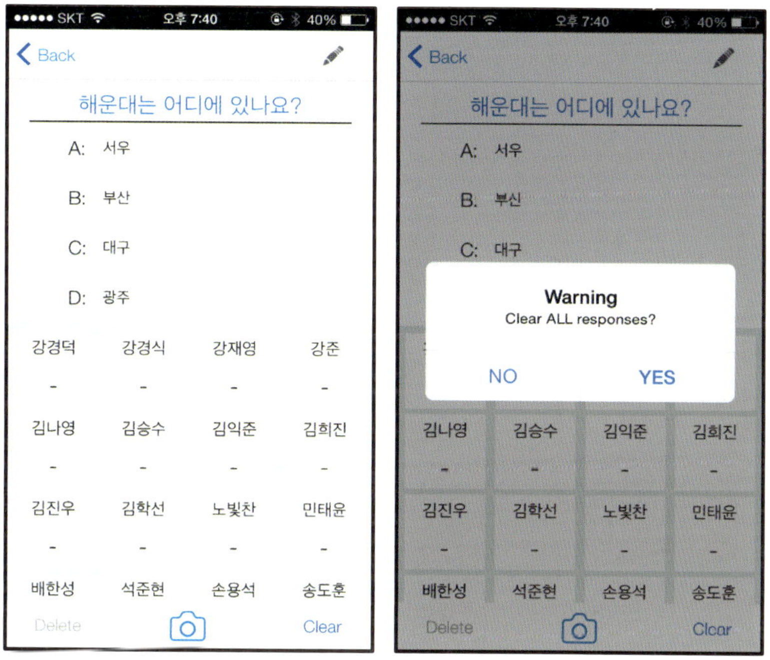

그림 2-46 응답 지우기

03

소크라티브
Socrative

소크라티브(Socrative)는 학생들의 평가와 간단한 설문 조사에 활용할 수 있는 유용한 앱으로 iOS, 안드로이드, PC(인터넷) 등 대부분의 플랫폼에서 활용할 수 있는 멀티플랫폼 앱이다.

1. 가입하기

1) 웹 사이트에서 무료 계정에 가입하는 방법

소크라티브(Socrative)는 웹 사용 기기에서 앱 또는 브라우저를 통해 접속할 수 있다. 사용 가능 앱은 iOS(Apple), Android, Chrome, Windows, Kindle 등이 가능하다. 권장 모바일 운영체제는 iOS 5, Android 4 이상이며, 권장 브라우저는 Chrome, Safari, Firefox, 호환 가능 브라우저는 Internet Explorer 8+를 이용할 수 있다. 소크라티브 웹 사이트(www.socrative.com)에서 무료 계정 만들기를 클릭한다(그림 3-1).

그림 3-1 무료 계정 만들기

개인 정보(이름, 이메일, 비밀번호, 국가, 학교, 학교명)를 입력한 후 역할(role)을 체크한 다음 동의를 클릭하면 가입 완료 환영 메시지와 함께 가입이 완료된다(그림 3-2~3-4).

그림 3-2 무료 계정 가입 완료

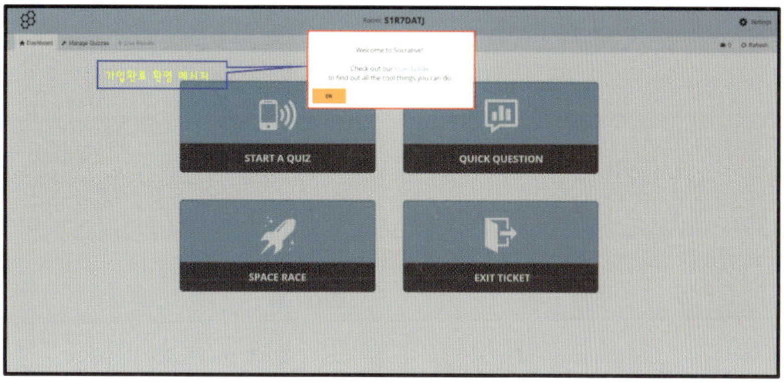

그림 3-3 가입 완료 환영 메시지

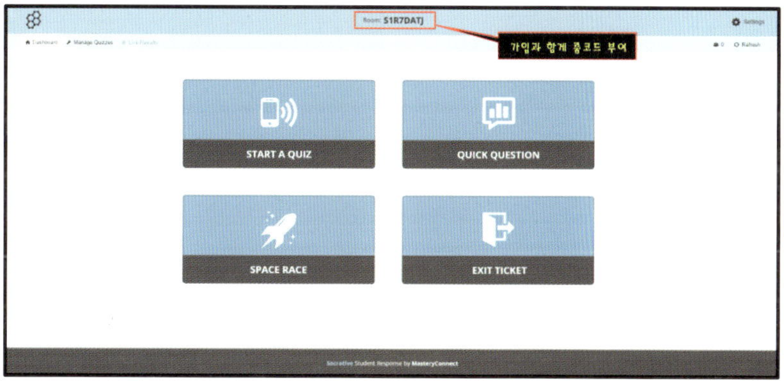

그림 3-4 가입과 동시에 룸코드 부여

2) 앱을 통해 무료 계정에 가입하는 방법

Google play web store나 iOS App store에서 Socrative Teacher 앱을 다운로드한 후 실행한다(그림 3-5~3-8).

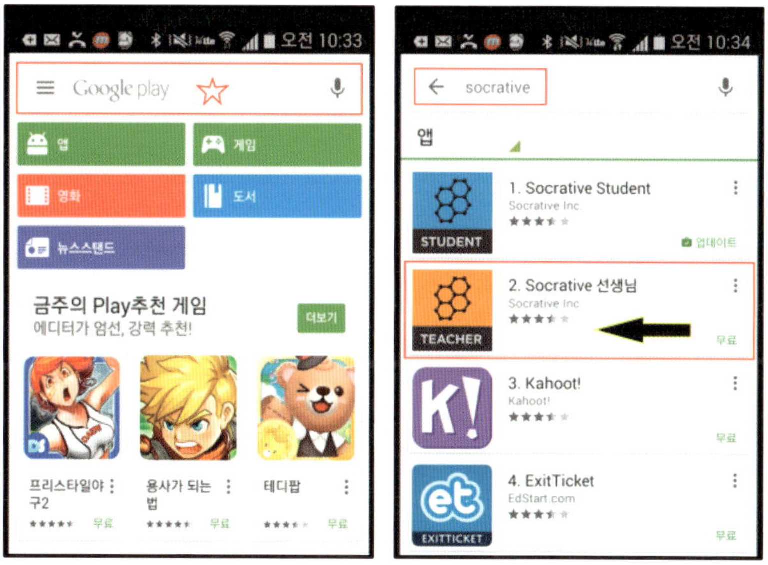

그림 3-5 Socrative 선생님 앱 선택

그림 3-6 Socrative 선생님 앱 설치 중

그림 3-7 Socrative 선생님 앱 설치 후 열기

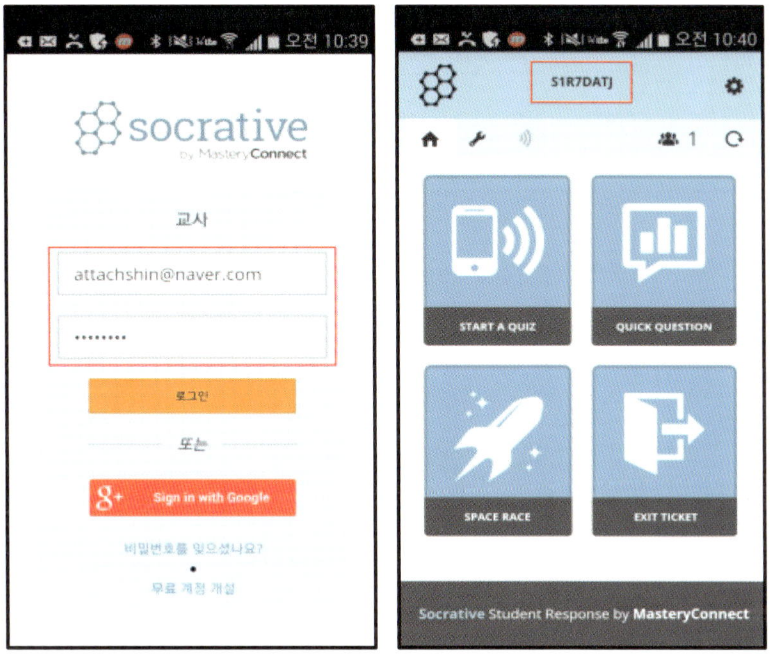

그림 3-8 교사 이메일 계정으로 로그인

2. 로그인

1) 웹 사이트를 통해 교사 로그인하는 방법

소크라티브 사이트(www.socrative.com)로 이동하여 교사 로그인을 클릭한다(그림 3-9).

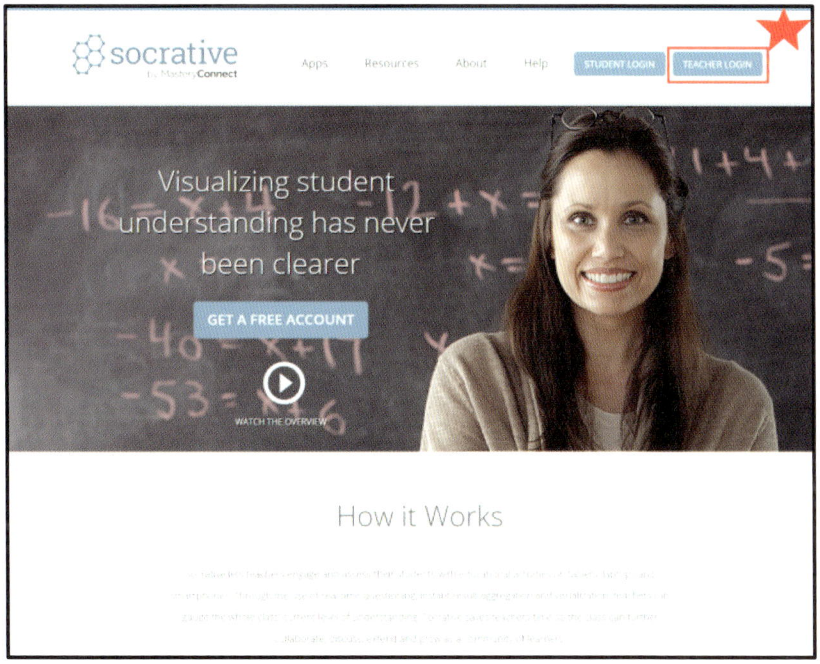

그림 3-9 교사 로그인 클릭

소크라티브 계정의 이메일 주소와 비밀번호를 입력한 후 로그인을 클릭한다. 구글 계정으로 로그인하려면, Google로 로그인을 클릭하고, 구글 사용자 아이디와 비밀번호를 입력하거나 사용자 계정을 선택하면 된다(그림 3-10).

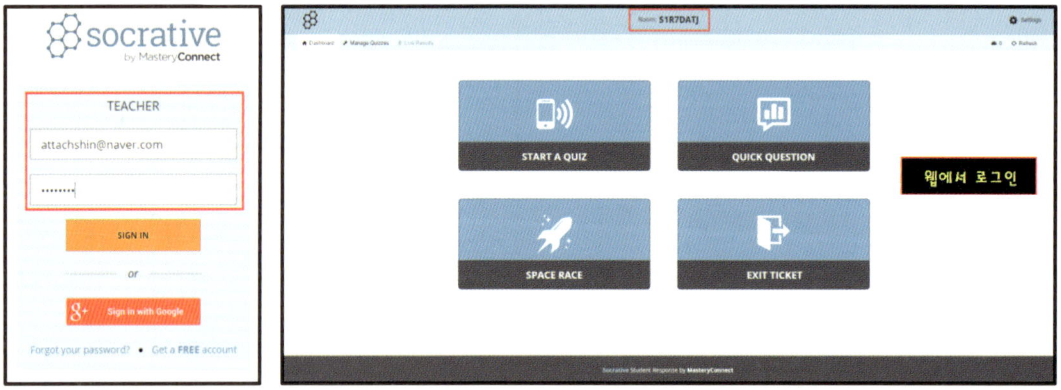

그림 3-10 이메일 주소와 비밀번호를 입력한 후 로그인

2) Socrative Teacher App을 통해 교사 로그인하는 방법

모바일 기기에서 Socrative Teacher App을 열고 Socrative 계정의 이메일 주소와 비밀번호를 입력한 후 로그인을 클릭한다(그림 3-11). 구글 계정으로 로그인하려면 Google로 로그인을 클릭하고 구글 사용자 아이디와 비밀번호를 입력하거나 사용자 계정을 선택하면 된다.

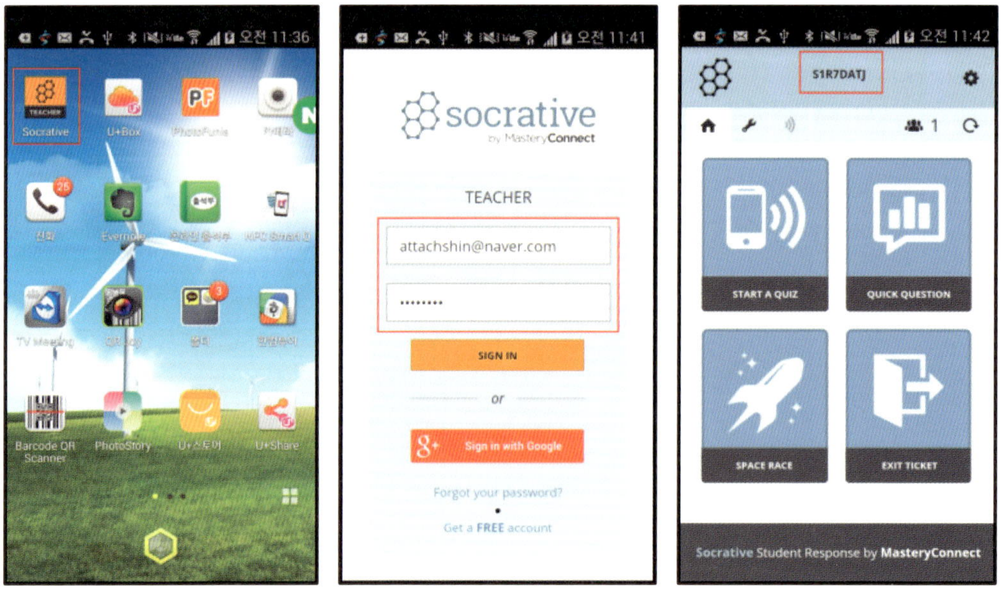

그림 3-11 Socrative Teacher App계정 로그인

3) 학생 로그인 돕는 방법

소크라티브 사이트(www.socrative.com)로 이동하여 학생 로그인을 클릭한다(그림 3-12). Socrative Student App을 열거나 Socrative.com에서 직접 로그인 화면에 액세스할 수 있다.

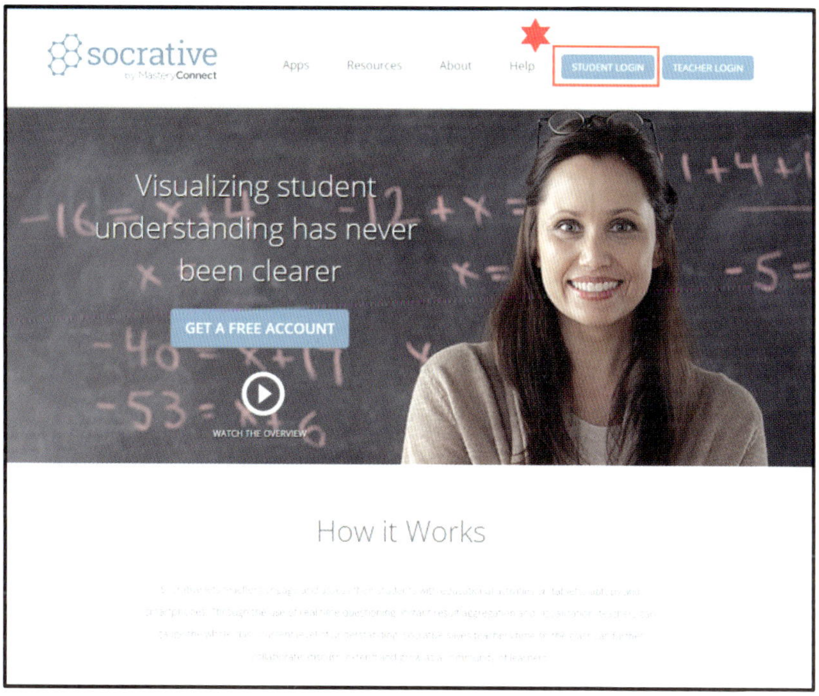

그림 3-12 학생 로그인

학생이 교사의 고유한 '교실 코드'를 '학생 참가 교실' 필드에 입력한 다음 교실 참가를 클릭한다. 학생은 귀하의 교실에 입장하고 로그아웃 할 때까지 귀하가 시작한 모든 활동을 받게 된다(그림 3-13).

그림 3-13 교수자의 룸코드 입력

3. 문제 출제 방법

대시보드에서 간단 문제(Quick question)를 선택한다(그림 3-14). 간단 문제는 교수자가 육성으로 질문을 할 경우 학습자들이 스마트 기기로 답변하는 코너이다.

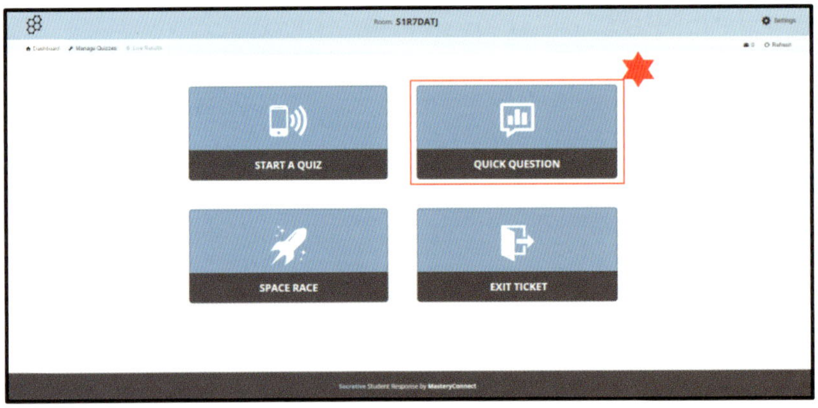

그림 3-14 대시보드

간단 문제(Quick question) 코너에는 객관식 문제(MC-multiple choice)와 참/거짓(TF-true/false) 그리고 간단한 대답(SA-short answer)의 질문을 진행할 수 있다(그림 3-15).

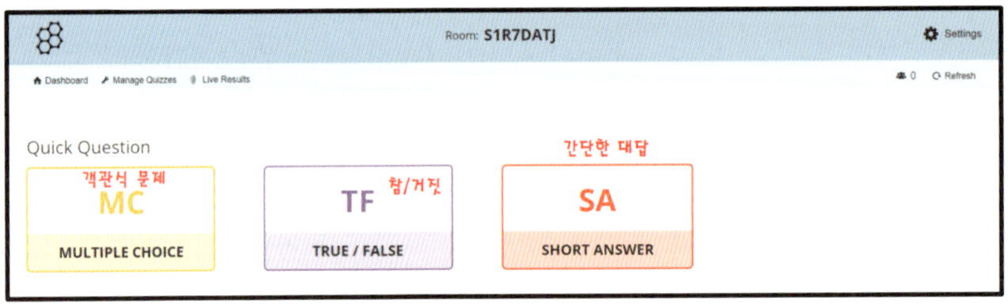

그림 3-15 간단 문제 코너

1) 객관식 문제

객관식 문제(MC-multiple choice)를 클릭하면 질문 페이지로 이동한다(그림 3-16, 3-17).

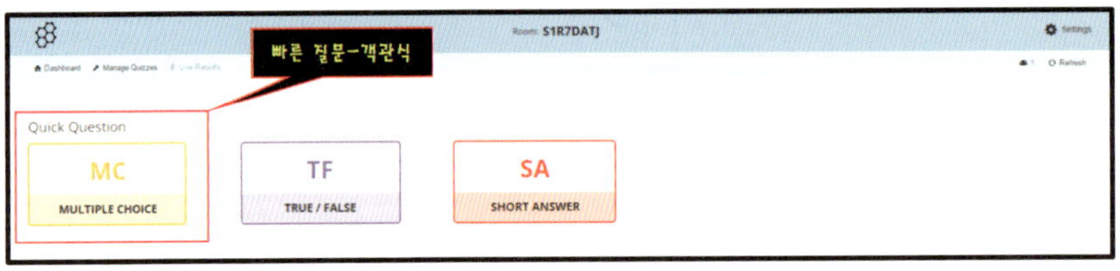

그림 3-16 객관식 문제 클릭

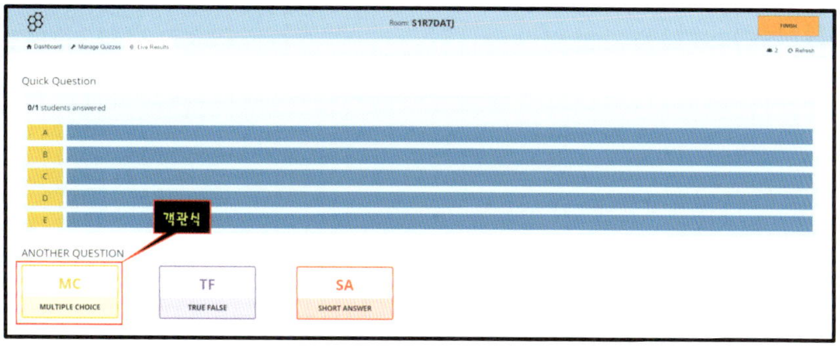

그림 3-17 객관식 질문 페이지

답안이 교수자의 계정에 로그인한 학생에게 직접 보내진다. 받은 즉시 객관식 문항에서 답을 선택하여 클릭하면 라이브 결과가 화면에 나타나면서 다음 문제 대기화면으로 전환된다(그림 3-18, 3-19). 참고로 라이브 결과(Live Results) 화면에서도 새 간단 질문을 시작할 수 있다.

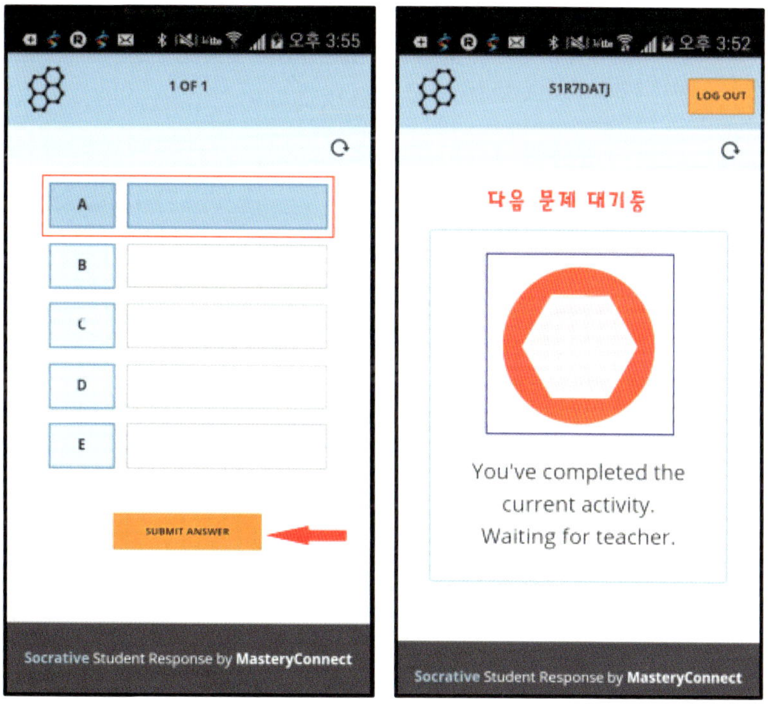

그림 3-18 객관식 문항의 답 클릭

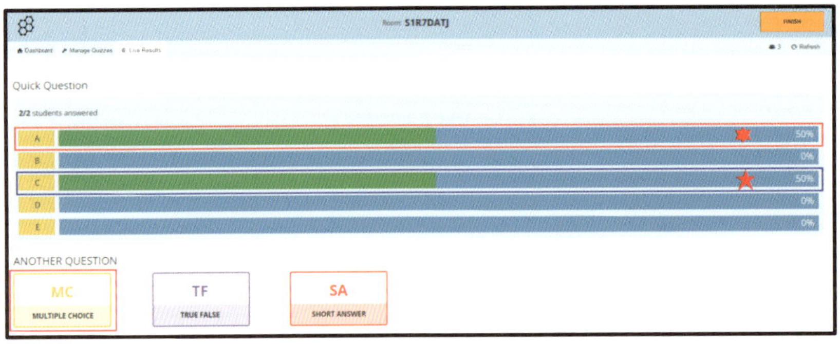

그림 3-19 공유된 라이브 결과 화면

2) 참/거짓 문제 출제 방법

대시보드에서 문제를 예/아니오를 클릭하면, 답안이 교수자의 계정에 로그인한 학생에게 직접 보내진다. 받은 즉시 학습자는 예/아니오 중 하나를 택일해 주면 다음 문제 대기화면으로 전환되고 라이브 결과가 화면에 공유된다(그림 3-20~3-22). 참고로 라이브 결과 화면에서도 새 간단 질문을 시작할 수 있다.

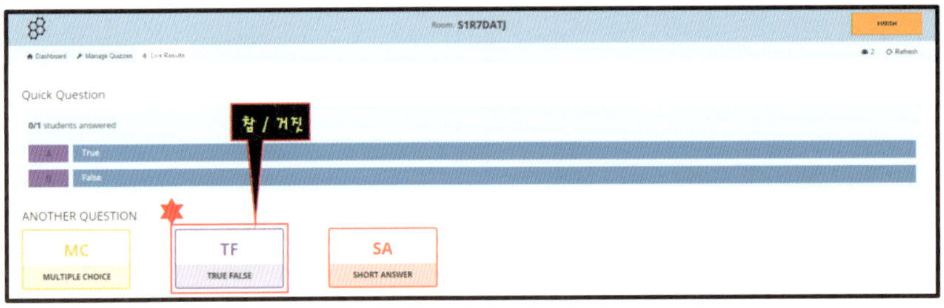

그림 3-20 참/거짓 문제 선택

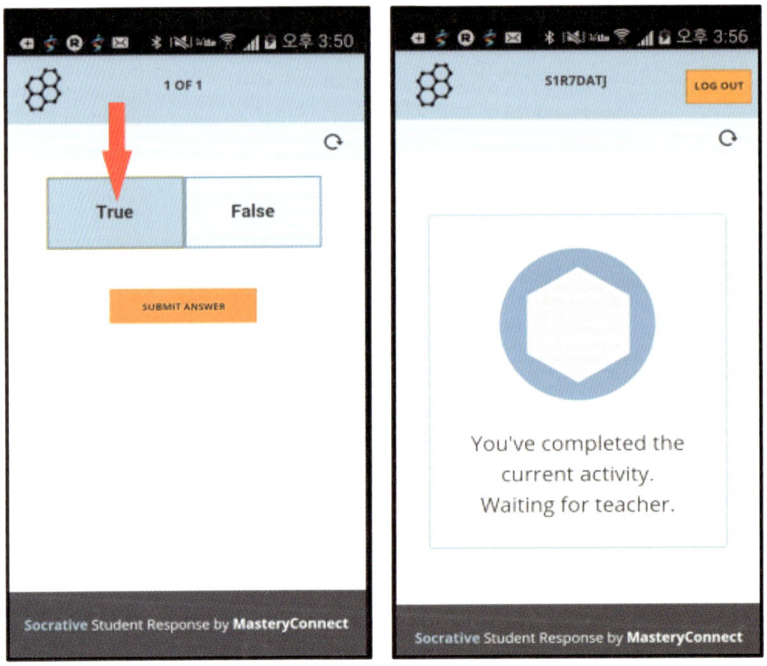

그림 3-21 참/거짓 답변 선택

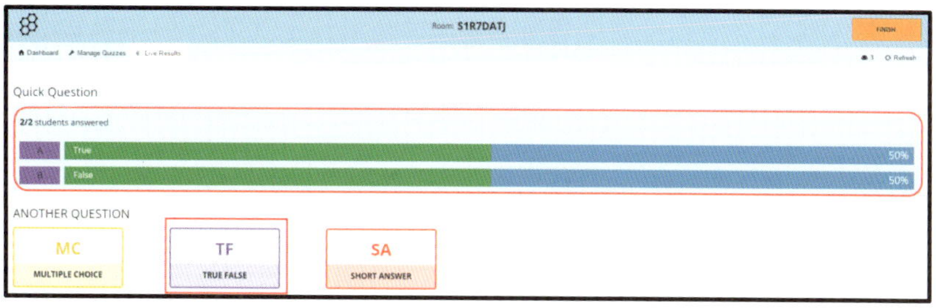

그림 3-22 참/거짓 질문의 라이브 결과 화면

3) 단답형 간단 문제 출제 방법

대시보드에서 간단한 대답(SA-short answer)을 클릭하여 불러온다(그림 3-23).

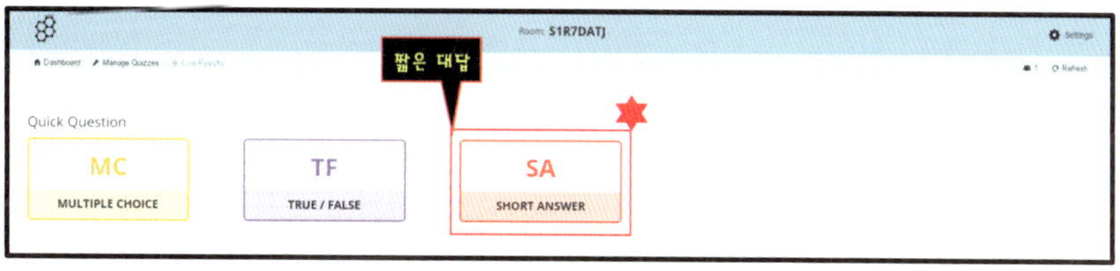

그림 3-23 간단한 대답

학생이 하나의 답만을 입력할 수 있도록 하려면 단일(Single), 원하는 만큼 여러 번 답할 수 있도록 하려면 무제한(Unlimted), 학생이 익명으로 답하도록 하려면 익명(Anonymous), 학생 이름을 기입하도록 하려면 필수(Required)를 클릭하면 된다. 참고로 이름을 기입하도록 요구한 경우 이름 표시를 클릭하기 전까지 이름은 라이브 결과 화면에 표시되지 않는다(그림 3-24).

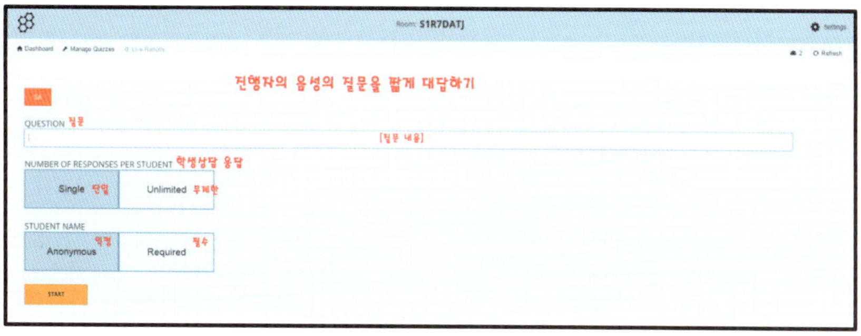

그림 3-24 간단한 문제 출제 화면

문제를 텍스트 상자에 입력하여 학생 화면에 표시되도록 하거나, 빈칸으로 남기고 큰 소리로 학생에게 질문할 수도 있다(그림 3-25).

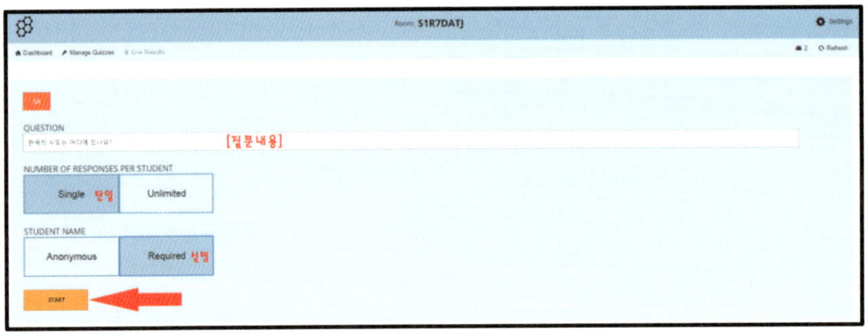

그림 3-25 질문 내용과 학습자의 피드백 선택

시작을 클릭하면 교실에 로그인한 학생 앞으로 텍스트 상자(입력한 경우 문제 포함)가 바로 전송되고, 라이브 결과가 사용자 화면에 나타난다(그림 3-26, 3-27).

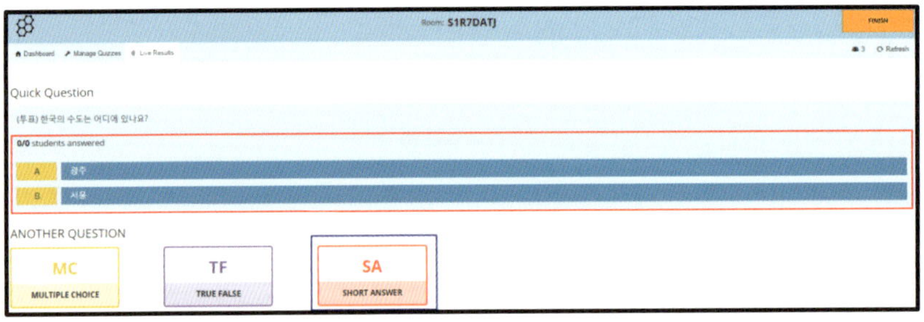

그림 3-26 출제된 문제

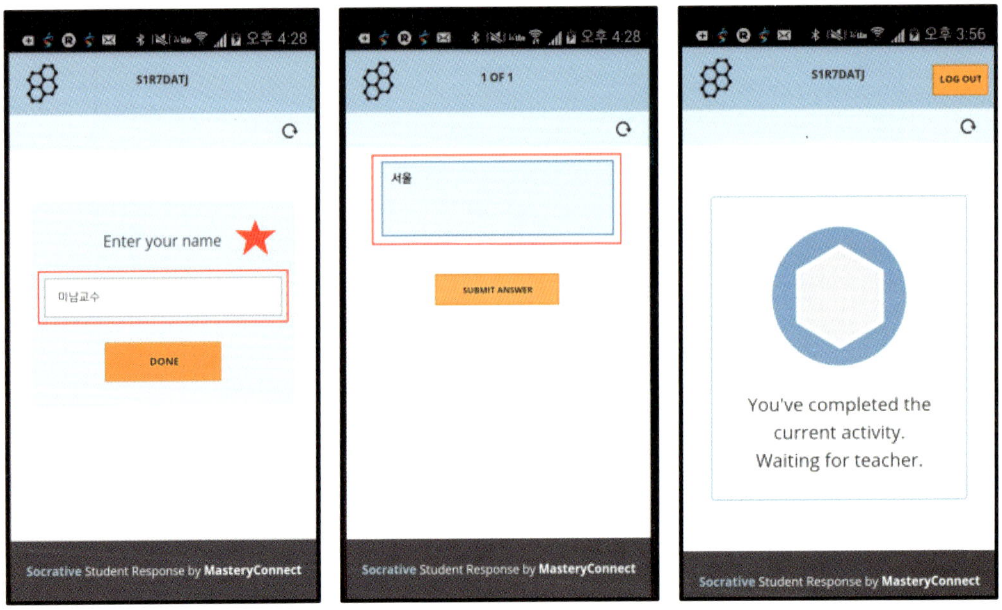

그림 3-27 학습자가 텍스트 상자에 기입 후 클릭

참고로 응답 오른쪽의 삭제 버튼을 클릭하여 라이브 결과 보기에서 응답을 삭제할 수 있으며, 화면에 나타나지 않아도 보고서에는 여전히 표시된다(그림 3-28). 활동을 종료하기 위해 마침을 클릭하면 학생들에게 대기화면이 표시된다.

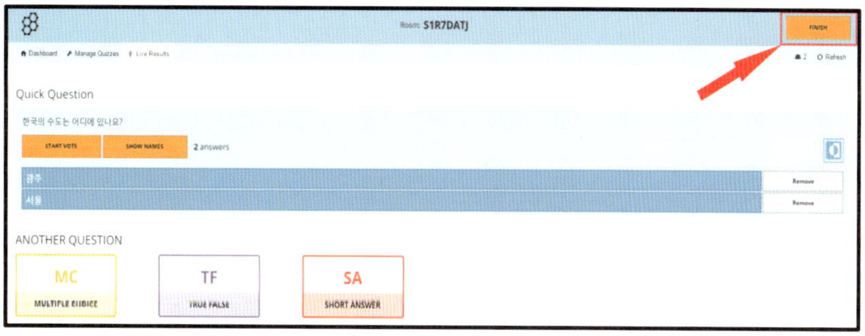

그림 3-28 오른쪽 마침 버튼으로 응답 삭제

작업에 대한 보고서 받기를 선택할 것인지, 차트 보기를 선택해 라이브 결과로 되돌아갈 것인지, 아니면 대시보드로 이동할 것인지를 묻는 메시지가 표시된다. 참고로 대시보드를 선택한 경우 보고서는 사용자 계정의 보고서 섹션에서 언제든 확인할 수 있다. 보고서 받기를 선택한 경우에는 선택 가능한 보고서 옵션이 표시되는데, 이때 보고서 유형(Get Reports, View Chart, To Dashbord)을 선택한 후 보고서를 받을 방법을 클릭하면 된다(그림 3-29, 3-30).

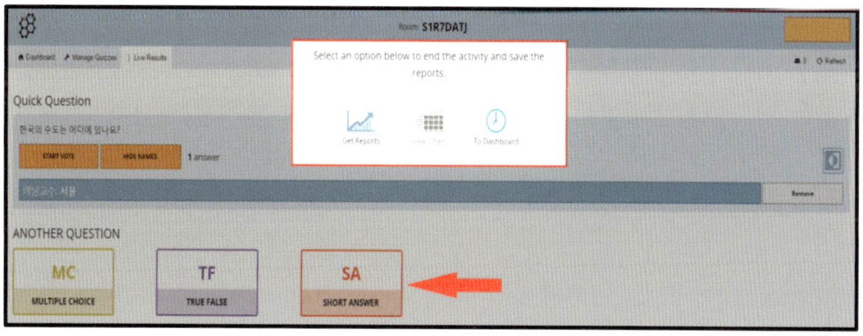

그림 3-29 보고서 유형

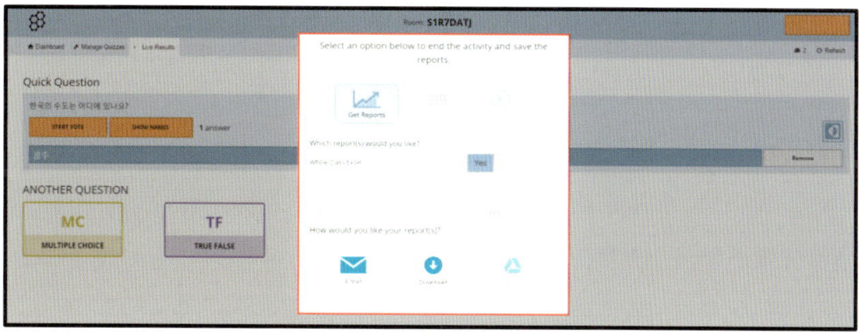

그림 3-30 보고서 유형 선택

4) 단답형 간단 문제에서 투표를 시작하는 방법

학생들이 단답형 간략한 문제 풀기를 다 끝냈을 때 투표 시작을 클릭한다(그림 3-31, 3-32).

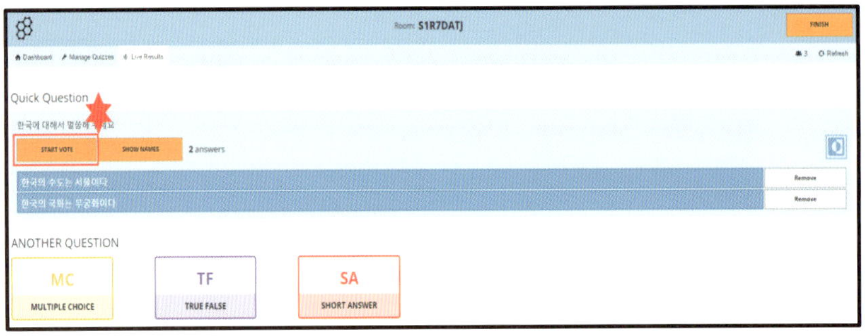

그림 3-31 투표하기 클릭

그림 3-32 투표 시작

투표를 시작하면 학생들은 교수자의 응답을 객관식 문제 질문 옵션으로 보게 된다(그림 3-33).

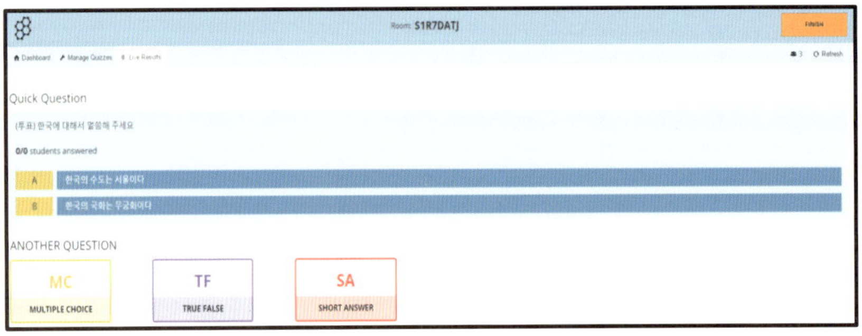

그림 3-33 객관식 문제 질문 옵션

교수자가 선택한 기준(예: 오답에 대한 투표)을 바탕으로 학생들이 투표하도록 시킨 다음, 실시간 투표 결과를 화면에서 확인할 수 있다(그림 3-34, 3-35). 참고로 학생들은 한 번만 투표할 수 있지만 여러 개의 답을 선택할 수 있다. 투표 활동이 끝났으면 마침을 클릭하여 종료한다.

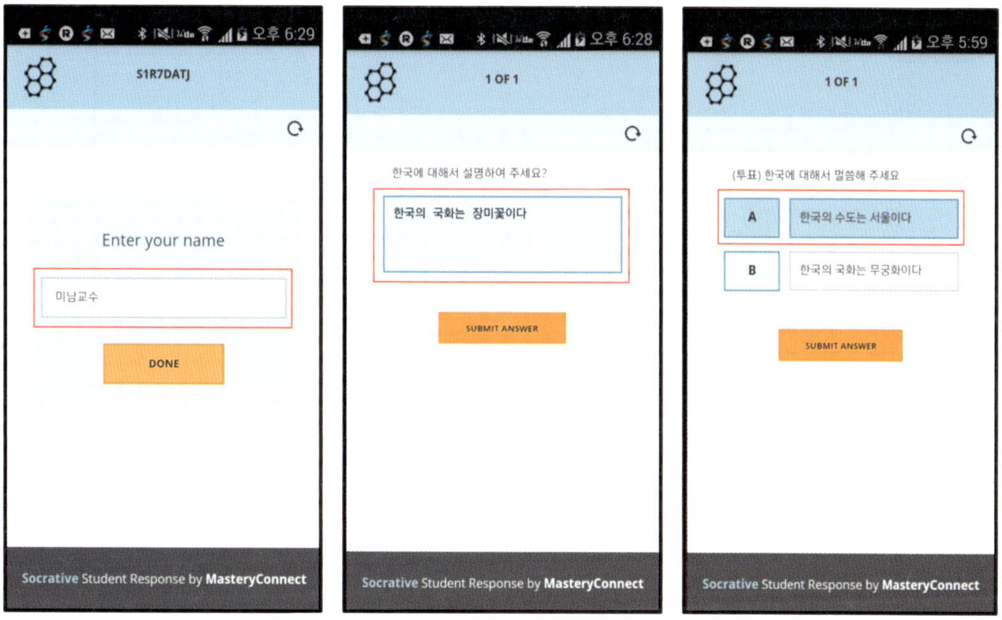

그림 3-34 학습자가 투표 진행

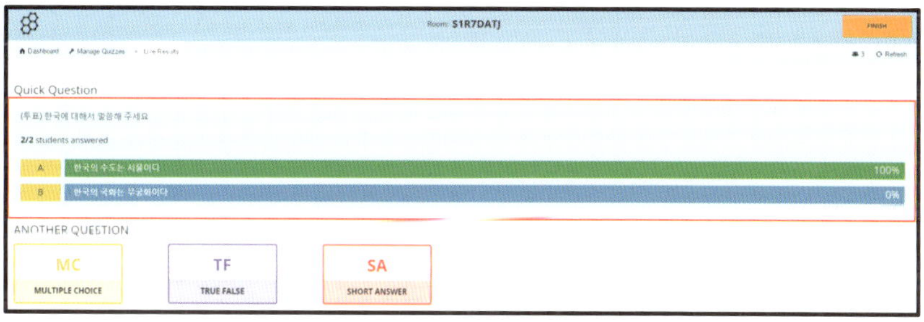

그림 3-35 라이브 결과에 공유된 투표 상황

참고로 이름을 기입하도록 요구한 경우 이름 표시를 클릭하기 전까지 이름은 라이브 결과 화면에 표시되지 않는다(그림 3-36, 3-37).

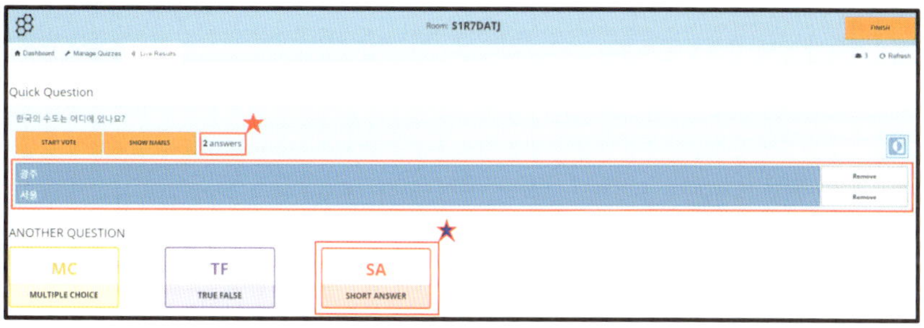

그림 3-36 학습자의 이름 표시

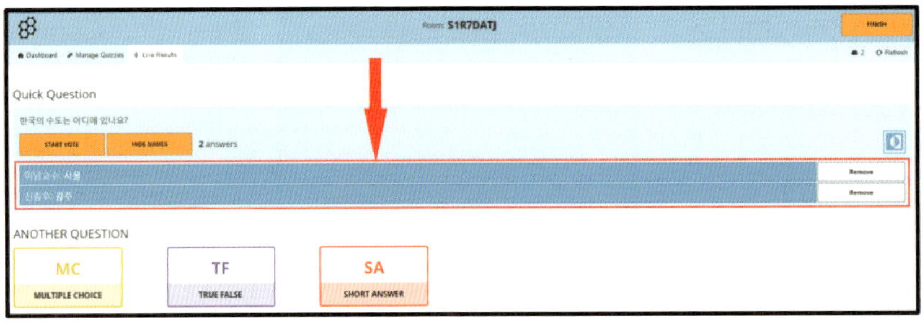

그림 3-37 학습자의 이름 표시

4. 새 퀴즈 만드는 방법

대시보드의 퀴즈 관리에는 퀴즈 생성(Create Quiz), 퀴즈 가져오기(Import Quiz), 내 퀴즈(My Quizzes), 보고서(Reports)가 있다(그림 3-38).

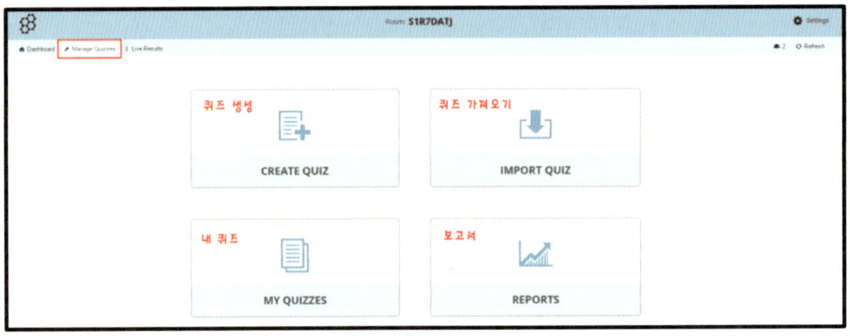

그림 3-38 대시보드의 퀴즈 관리

1) 객관식 문제

대시보드의 퀴즈 관리에서 퀴즈 생성을 클릭하고 새 퀴즈의 이름을 지정한다. 문항 유형 버튼을 클릭하여 퀴즈에 문항을 추가한다(그림 3-39~3-40). 작업을 끝냈으면 저장 및 종료를 클릭한다. 언제든 다시 돌아와서 퀴즈를 편집할 수 있는데 그 외 퀴즈에 공통 핵심 태그를 추가할 수 있고, 문제의 정답에 대한 설명을 추가할 수 있으며, 문항에 이미지를 추가할 수 있다.

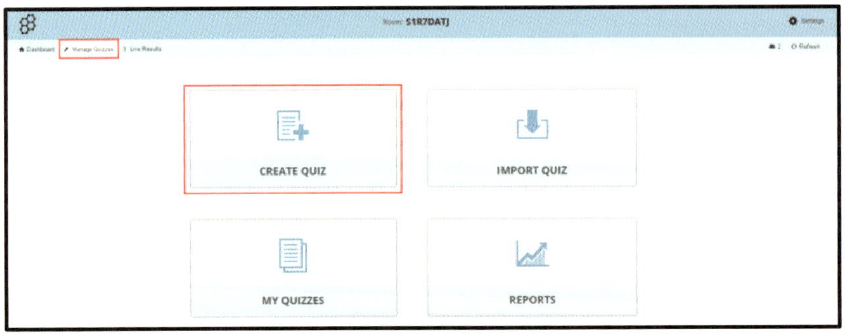

그림 3-39 퀴즈 생성

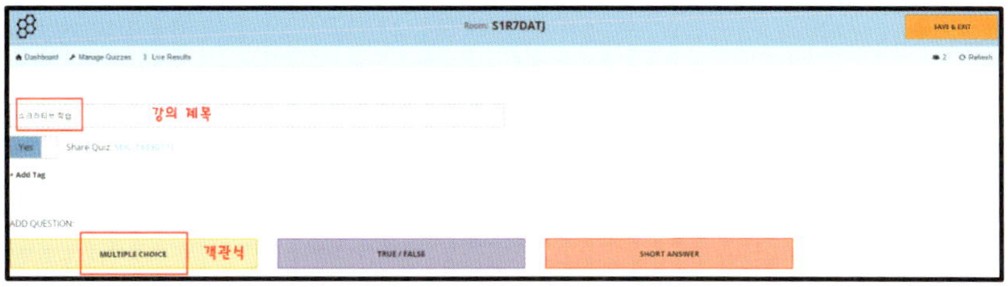

그림 3-40 퀴즈 생성 화면

문항과 답변 선택을 입력하고 문항을 채점하려면 해당 문항 유형에 대해 다음 사항을 진행해 주어야 한다(그림 3-41, 3-42). 객관식 문제인 경우 정답 옆의 상자를 체크하는데 참고로 여러 개의 정답을 선택할 수 있으며, 학생이 모든 정답을 선택해야 문제를 맞힌 것이 된다. 즉, 예/아니오로 정답을 클릭하면 된다.

그림 3-41 문항과 답변 선택 입력

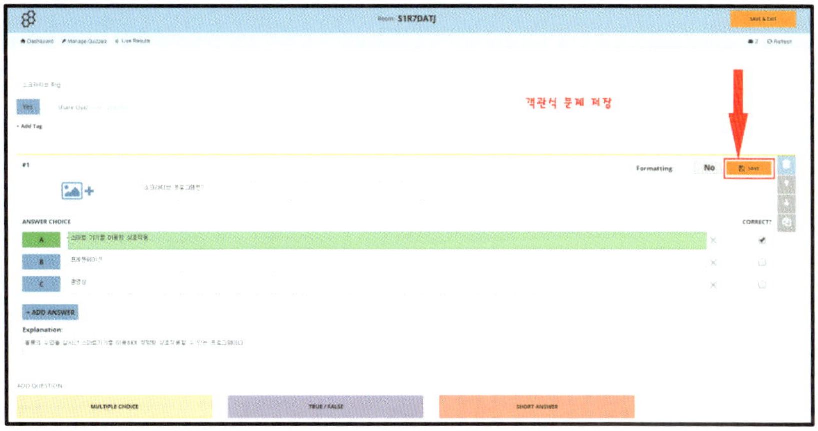

그림 3-42 문항과 답변 선택 입력 후 저장

2) 참/거짓 문제

새 퀴즈 만들기를 클릭하고, 새 퀴즈의 이름을 지정한다. 문항 유형 버튼을 클릭하여 퀴즈에 문항을 추가한 다음 저장한다(그림 3-43~3-45). 작업을 끝냈으면 저장 및 종료를 클릭한다. 언제든 다시 돌아와서 퀴즈를 편집할 수 있는데, 그 외 퀴즈에 공통 핵심 태그를 추가할 수 있고, 문제의 정답에 대한 설명을 추가할 수 있으며, 문항에 이미지를 추가할 수 있다.

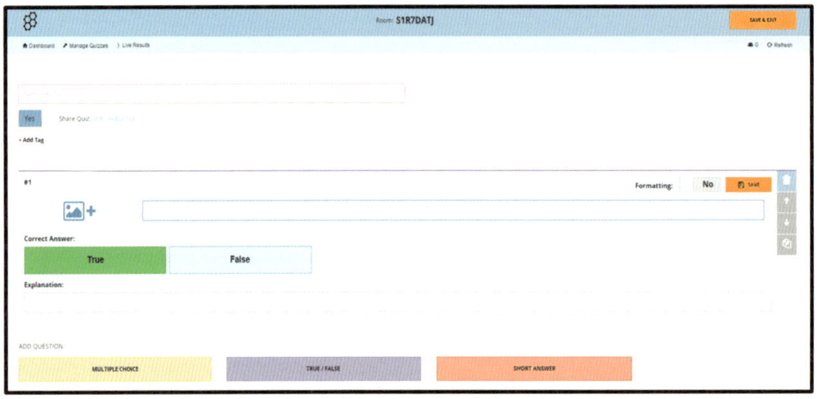

그림 3-43 참/거짓 문제 출제

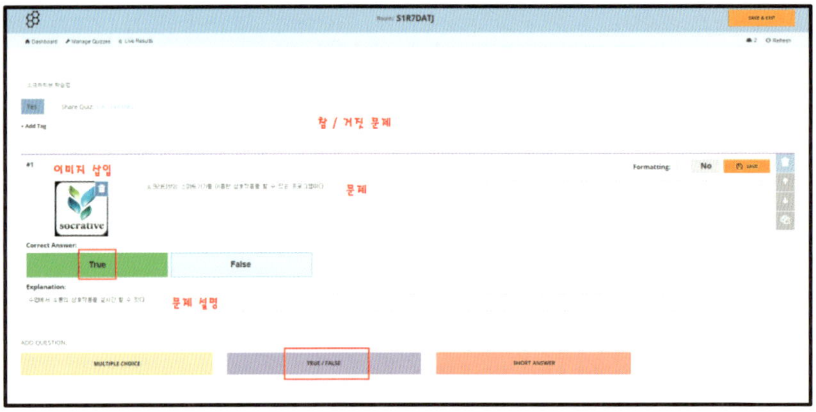

그림 3-44 참/거짓형

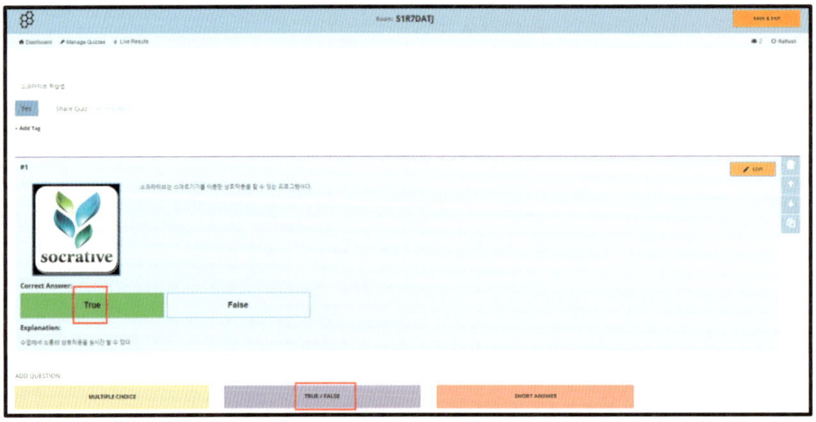

그림 3-45 문항 추가 후 저장

3) 단답식 문제

정답을 입력하는데 참고로 단답형 문항은 적어도 하나 이상의 정답이 입력되어 있어야 채점할 수 있다. 교수자가 입력한 것과 학생이 입력한 것이 정확하게 입력된 경우에만 정답으로 처리되며, 대/소문자는 구분하지 않는다(그림 3-46, 3-47). 작업을 끝냈으면 저장 및 종료를 클릭한다. 언제든 다시 돌아와서 퀴즈를 편집할 수 있는데 그 외 퀴즈에 공통 핵심 태그를 추가할 수 있고, 문제의 정답에 대한 설명을 추가할 수 있으며, 문항에 이미지를 추가할 수 있다.

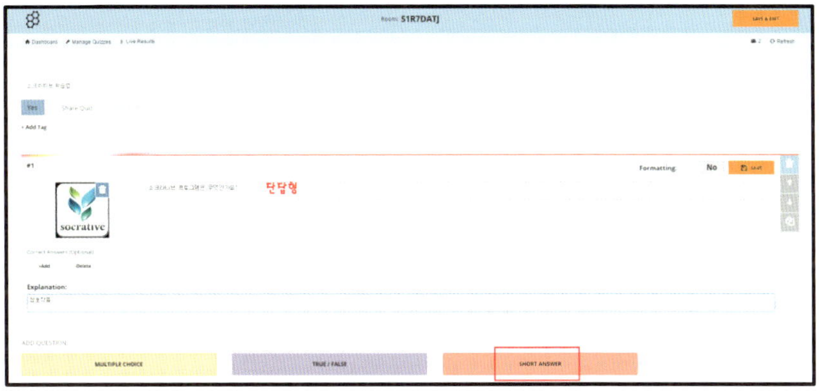

그림 3-46 단답형

그림 3-47 문항 추가 후 저장

5. 퀴즈 시작 방법

대시보드에서 퀴즈 시작을 클릭한 다음 원하는 퀴즈를 선택한다(그림 3-48, 3-49).

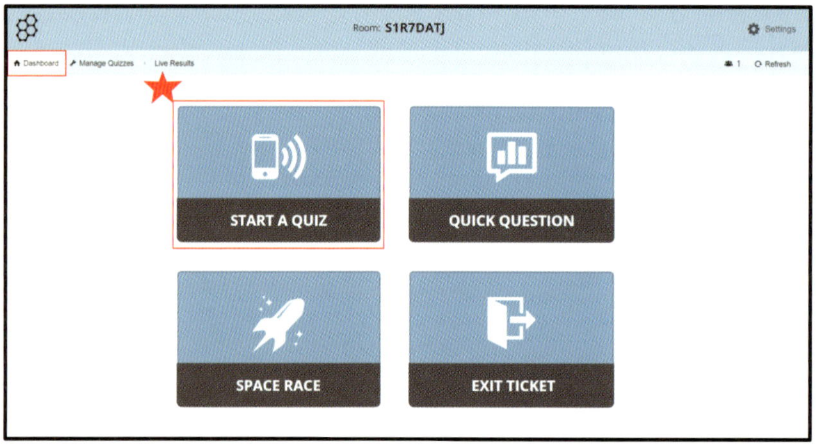

그림 3-48 퀴즈 시작

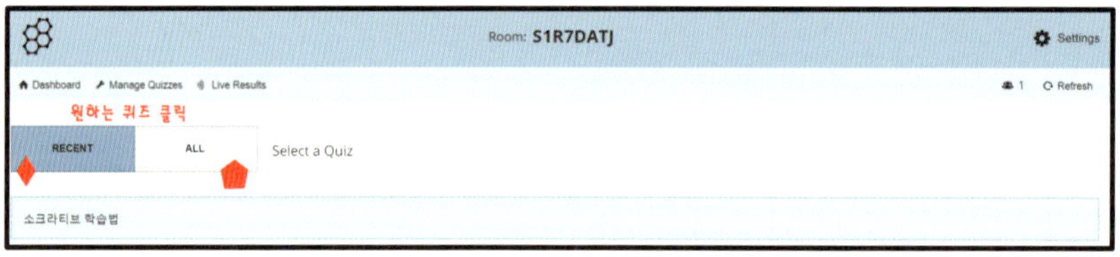

그림 3-49 원하는 퀴즈 클릭

퀴즈를 어떻게 운영할 것인지 선택한다. 퀴즈 운영은 학생 중심-실시간 피드백, 학생 중심-학생 탐색, 교사 중심에서 선택할 수 있다(그림 3-50~3-52). '아니오' 또는 '예'로 전환하여 '추가 설정(옵션)' 사항을 선택할 수 있다.

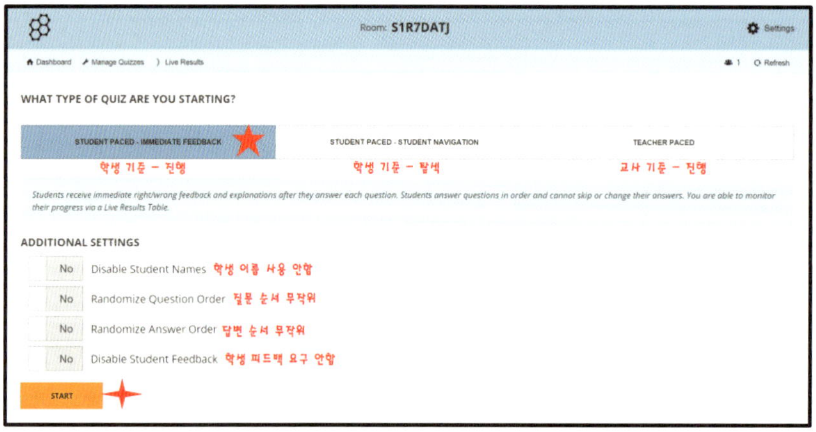

그림 3-50 학생 기준 퀴즈 운영

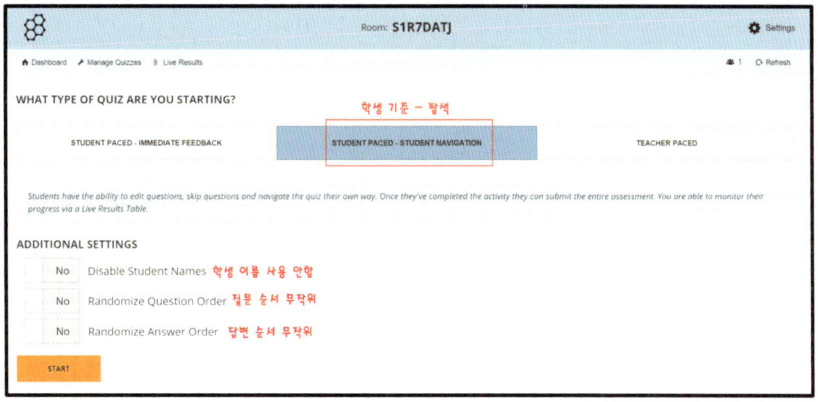

그림 3-51 학생 기준 – 탐색

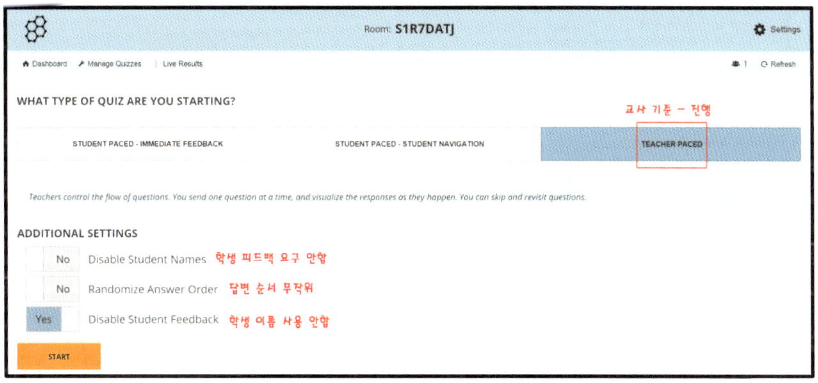

그림 3-52 교사 기준 – 진행

시작을 클릭하면 학생들에게 첫 번째 문항이 표시되고 귀하는 라이브 결과 화면을 볼 수 있다(그림 3-53~3-55).

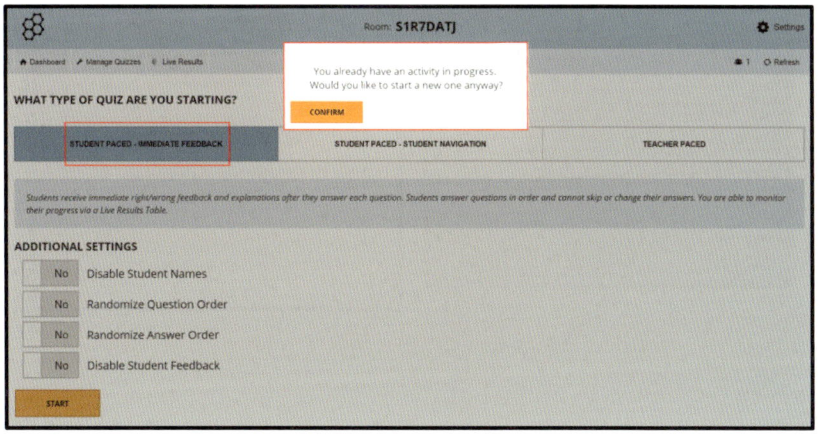

그림 3-53 학생 기준 문제 진행

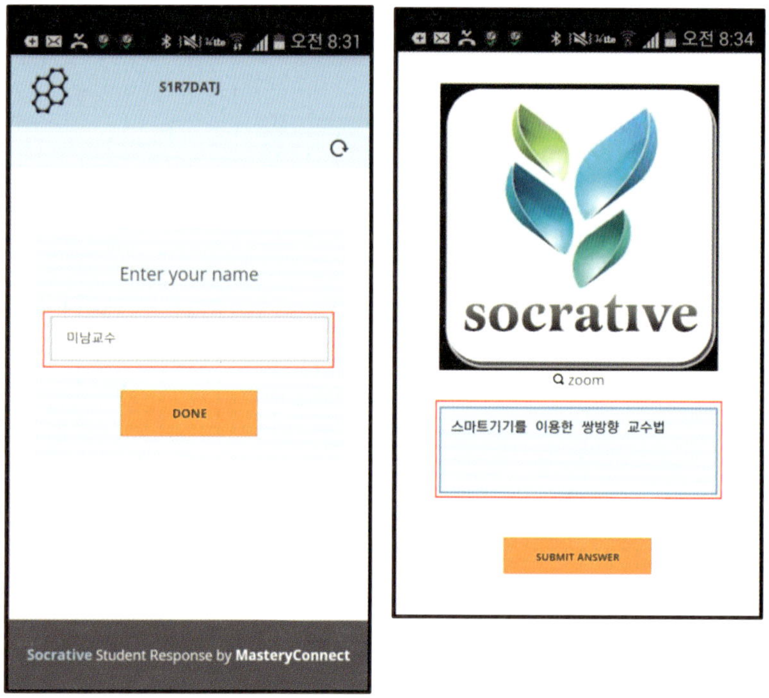

그림 3-54 학습자가 요구 사항 입력

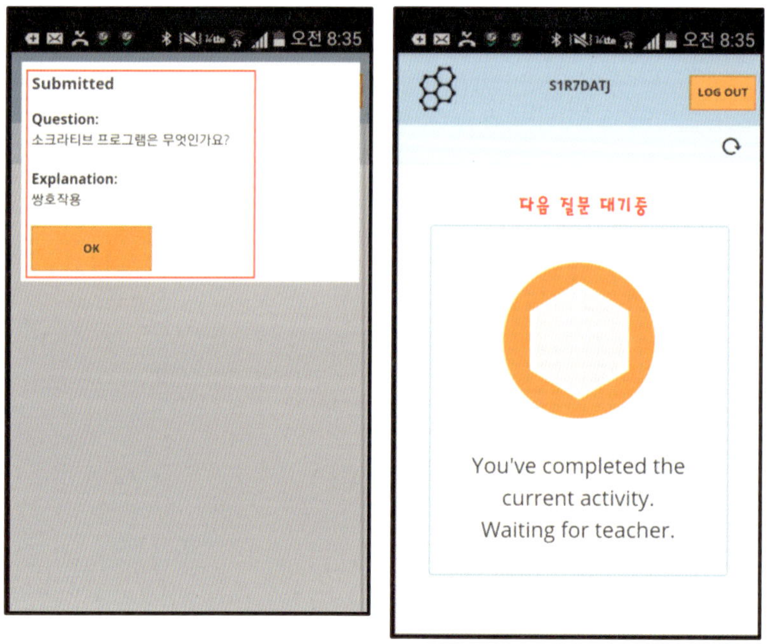

그림 3-55 답변 입력 완료 후 대기

퀴즈를 종료하기 위해 마침을 클릭하면 보고서 받기, 차트 보기로 돌아가기 또는 대시보드로 돌아가기를 선택하라는 메시지가 표시된다. 참고로 보고서는 계정의 보고서 섹션에서 언제든지 사용 가능하다(그림 3-56).

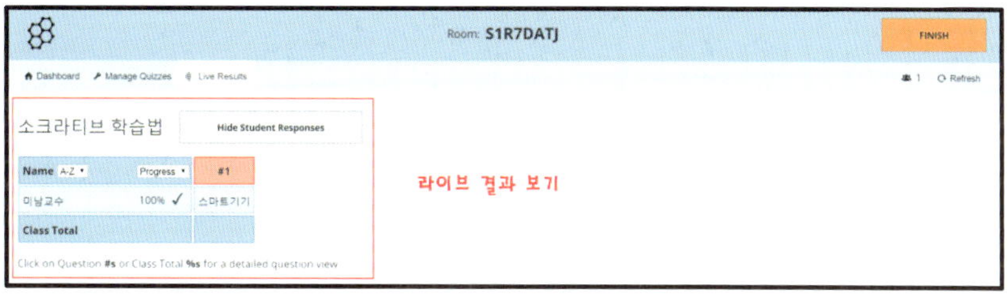

그림 3-56 학생 기준 문제 라이브 결과

보고서 유형을 선택한 후 보고서를 받을 방법을 클릭하고 다운로드를 진행하면 된다(그림 3-57, 3-58).

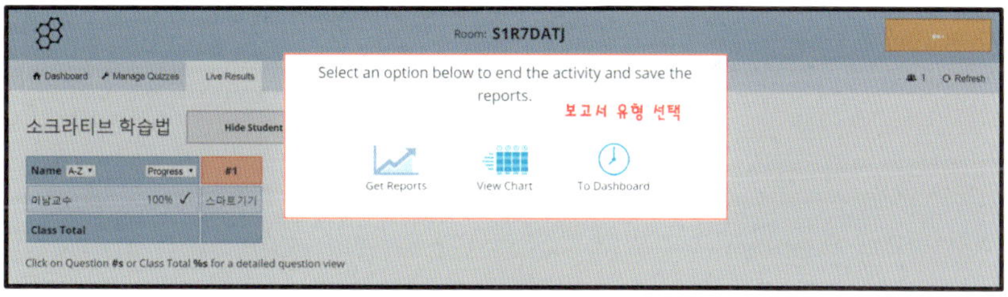

그림 3-57 보고서 유형 선택

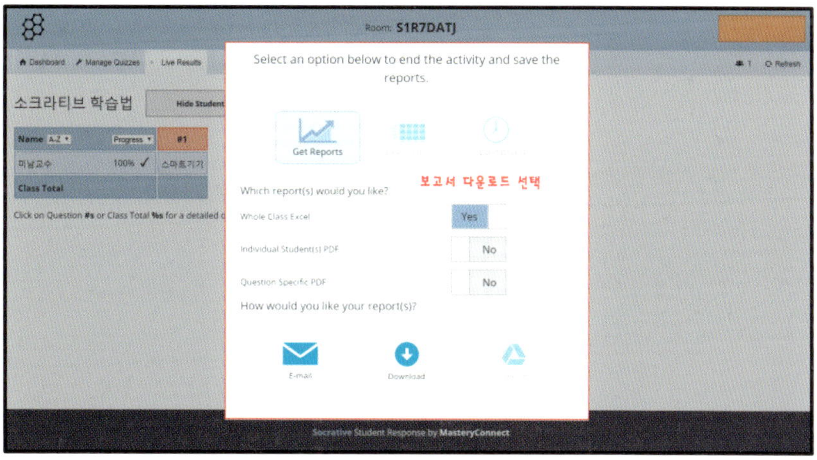

그림 3-58 보고서 다운로드 선택

6. 스페이스 레이스 운영 방법

대시보드에서 스페이스 레이스을 클릭한다(그림 3-59). 스페이스 레이스로 제공하고 싶은 퀴즈를 선택한다. 참고로 퀴즈에 채점된 문항이 없으면 로켓이 움직이지 않는다.

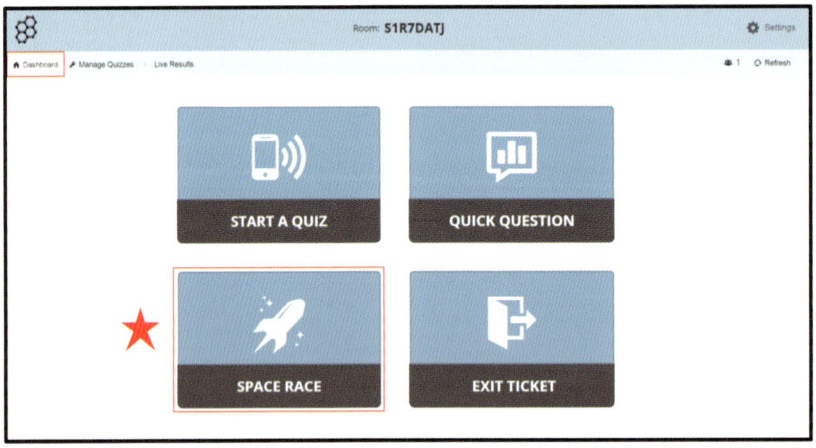

그림 3-59 스페이스 레이스 선택

팀 수를 선택하는데 참고로 학생들은 각자 플레이하거나, 모바일 기기를 공유해서 함께 플레이하거나, 다른 모바일 기기를 사용하면서 같은 팀으로 함께 플레이할 수 있다(그림 3-60). 학생들이 스스로 팀을 선택하도록 할 것인지, 임의의 팀에 배정되도록 할 것인지 선택하는데 참고로 자동 배정을 선택하였고, 팀 수보다 학생 수가 더 많을 경우 팀 간에 학생 수가 대등하게 배정된다.

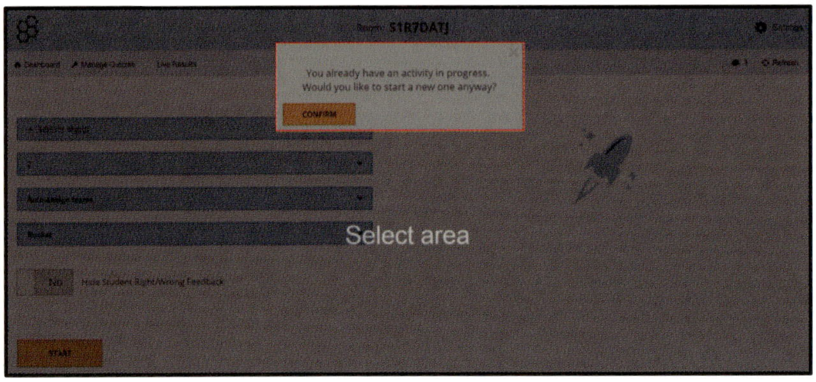

그림 3-60 플레이 시작

게임 속도를 높이기 위해 즉각 피드백 팝업을 해제하려면 회색 표시된 '아니오' 버튼을 클릭하여 '예'로 변경한다(그림 3-61). 시작을 클릭하면 레이스가 시작되는데 참고로 학생들이 진행 상황을 확인할 수 있도록 사용자 화면이 투사되도록 해준다. 활동을 종료하기 위해 마침을 클릭하면 학생들에게 대기 화면이 표시된다.

그림 3-61 우주 레이스 진행 상황

활동 보고서 받기 또는 대시보드로 이동을 선택하라는 메시지가 표시되며, 보고서 받기를 선택한 경우 전달 방법을 선택하면 된다. 참고로 보고서 팝업에서 차트 보기를 선택하면 학생 응답을 라이브 결과 형식으로 볼 수 있으며, 사용자 계정의 보고서 섹션에서 모든 보고서 유형을 이용할 수 있다(그림 3-62, 3-63).

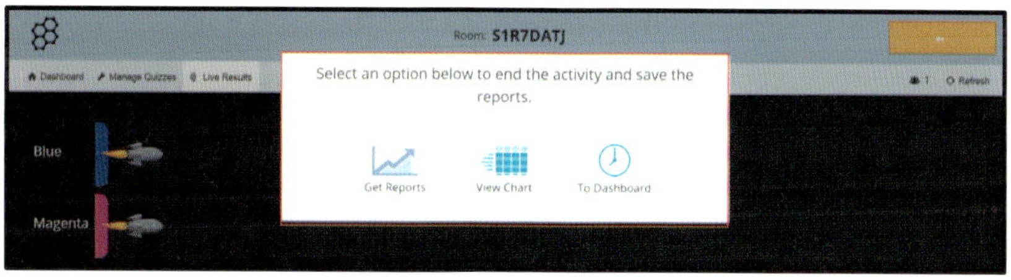

그림 3-62 보고서 받기

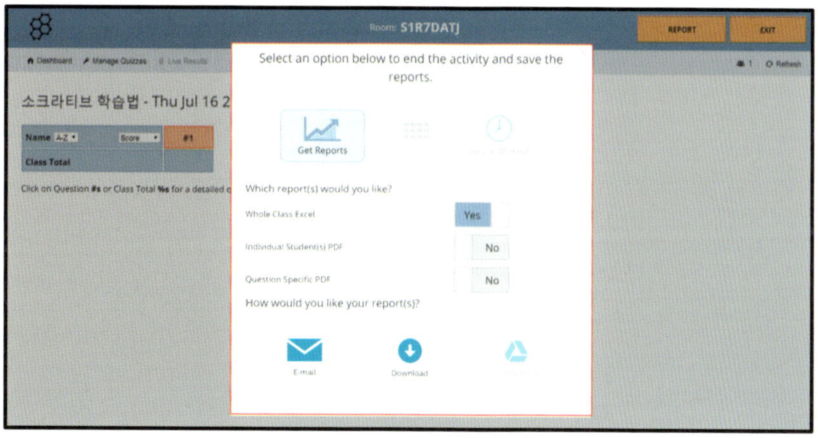

그림 3-63 보고서 다운로드 선택

7. 이메일로 보고서 받는 방법

대시보드에서 퀴즈 관리를 클릭한 다음 보고서를 선택한다(그림 3-64, 3-65). 보고서를 원하는 퀴즈 또는 활동을 클릭하면 보고서 팝업이 표시된다. 참고로 진행 중인 활동이 있을 때 마침을 클릭하여 종료해도 보고서 팝업이 표시된다.

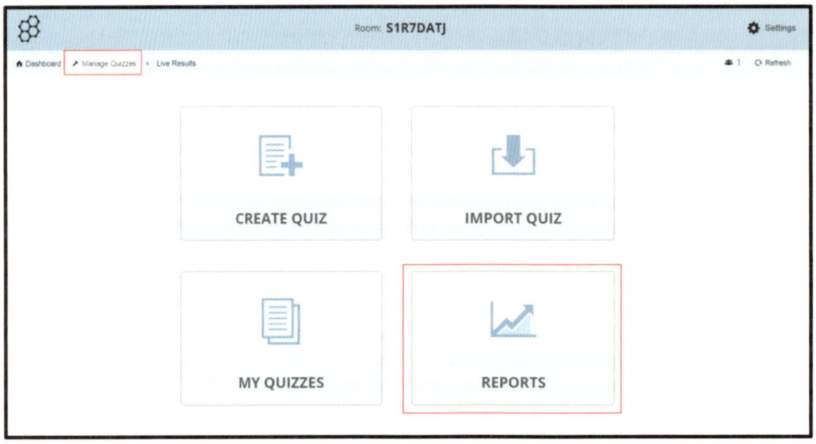

그림 3-64 보고서 선택

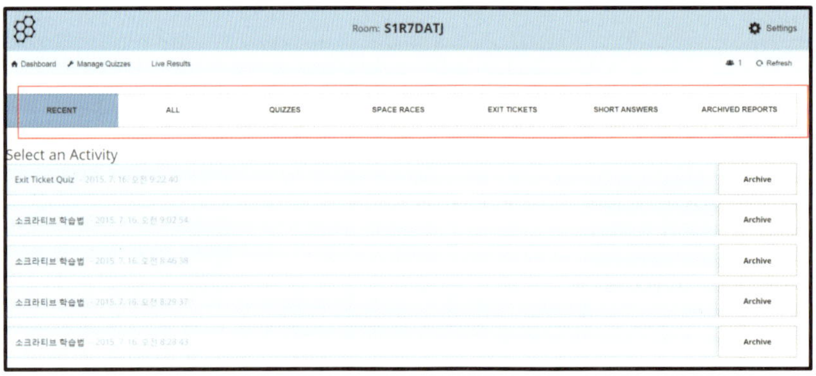

그림 3-65 원하는 보고서 선택

보고서 받기를 클릭한다(그림 3-66, 3-67). 회색 표시된 '아니오'를 클릭하여 '예'로 바꿔서 원하는 보고서를 선택한다. 보고서에는 전체 학급 Excel 문서(모든 데이터가 한 스프레드시트에), 개별 학생 PDF(학생별로 채점된 전체 퀴즈), 문항별 PDF(전체 퀴즈 형식으로 각 문항별 응답 데이터)가 있다. 이메일을 클릭하면 선택한 보고서가 Socrative 계정의 이메일 주소로 발송되며, 참고로 보고서에는 언제든 접근할 수 있고, 사용자 컴퓨터로 다운로드할 수 있으며, 구글 드라이브로 전송하거나 라이브 결과 차트에서 데이터를 볼 수 있다.

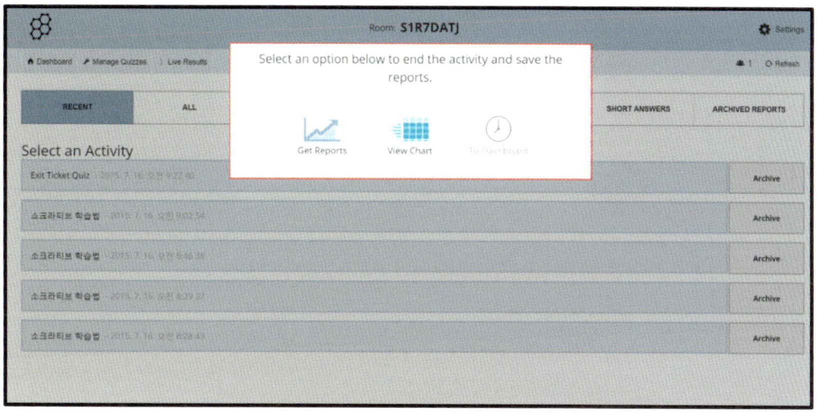

그림 3-66 보고서 다운로드

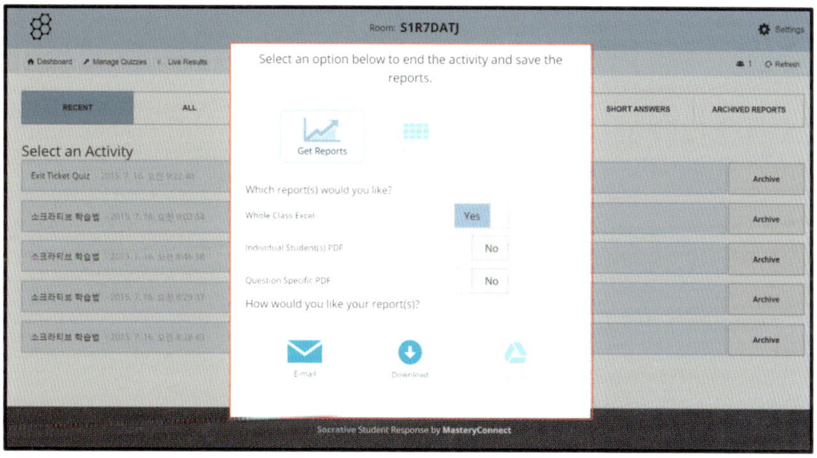

그림 3-67 원하는 다운로드 설정(이메일, 다운로드, 구글 드라이브)

04

콜라보

Collabo

콜라보(Collabo)는 인터넷이 접속되는 환경에서 개인이 가지고 있는 스마트폰 또는 태블릿, 노트북 등을 이용하여 웹 접속 방식으로 사용할 수 있는 온라인 청중 응답 시스템이다. 청중 응답 시스템은 교수들이나 강연자가 강의나 강연을 하면서 시스템을 이용해서 청중들이 얼마나 이해하고 있는지 또는 어떤 생각을 하는지 쉽게 파악하는 시스템이다. 불특정 다수들이 많이 모이는 컨퍼런스 현장이나, 수업, 강연 등에서 실시간으로 설문을 진행하고, 결과를 공유하여 참석자들의 집중도와 만족도를 높일 수 있고, 강연 도중에도 얼마든지 질문을 올리거나, 다른 사람들이 올린 질문에 추천하여 강연자와 발표자가 서로 소통할 수 있는 환경을 제공할 수 있다. 특히 학교나 기업 교육 환경에서는 리포트 제공을 통해 평가 도구로서 활용이 가능하고, 컨퍼런스, 토론회 같은 현장에서는 더 많은 사람들이 쉽게 질문할 수 있어 참여자들이 더 적극적으로 참여하게 되고, 행사 자체의 만족도를 향상시킬 수 있다.

1. 활용 방안

해외 대학교나 강연장에서 많이 사용되고 있지만 한국에서는 아직까지 사용하는 곳이 거의 없고 생소한 단어이기도 하다. 예전 청중 응답 시스템은 클릭커(Clicker)와 같이 특별히 제작된 기계 및 장치 등을 통해서만 투표나 응답이 가능했기 때문에 꼭 이런 장치를 휴대해야만 하는 번거로움이 있었고, 사용상의 불편함뿐만 아니라 경제적인 측면과 편의성에서도 많은 불편함이 있었다. 더욱이 그런 장치들의 가격이 저렴하지 않았기 때문에 분실 시에 손해가 많아 사용을 꺼려하는 곳도 있었다. 하지만 요즘에는 스마트폰의 보급으로 장소나 다른 장비의 구입 없이 손쉽게 사용 가능해서 많은 분야에서 응용되어 사용되고 있다.

강연자가 강연 도중 참여자의 설문 조사를 위한 poll을 미리 준비하여 강의 내용에 포함시키고, 강연 중간 중간 poll을 출제하고, 교육받는 사람들이 답변을 진행할 수 있다. 콜라보는 실시간으로 결과를 공유하고, 왜 이렇게 생각하였는지 토론을 진행하여 강의의 참여율이 상승하기 때문에 서로의 의견과 생각을 공유할 수 있는 의미 있는 교육을 진행할 수 있다. 일반적으로 강의 진행은 여러 강연자에게 궁금한 내용을 질문하면, 섹션이 끝날 때마다 사회자가 대신 질문하는 방식을 이용하고 있다.

콜라보는 강사의 강연이 끝날 때마다 주최 측에서 준비한 설문 내용을 실시간으로 출제하여 각 섹션에 대한 강의 만족도 설문을 받을 수 있고, 특히 갑자기 손들고 이상한 질문을 하는 사람을 미연에 방지할 수 있으며, 더 많은 질문에 대한 답변을 들을 수 있어 형식적인 Q&A 시간이 아니라 의미 있는 시간을 가질 수 있다. 다시 말해 참석자는 앉아서 듣기만 하는 컨퍼런스가 아니라 참여하는 컨퍼런스가 되어 마지막까지 집중할 수 있다. 활용 방안으로는 전체 행사 만족도 설문과 참여자 질문 수집 그리고 패널토의 활용, 강의실 등에서 다양한 방안으로 활용되고 있다(그림 4-1).

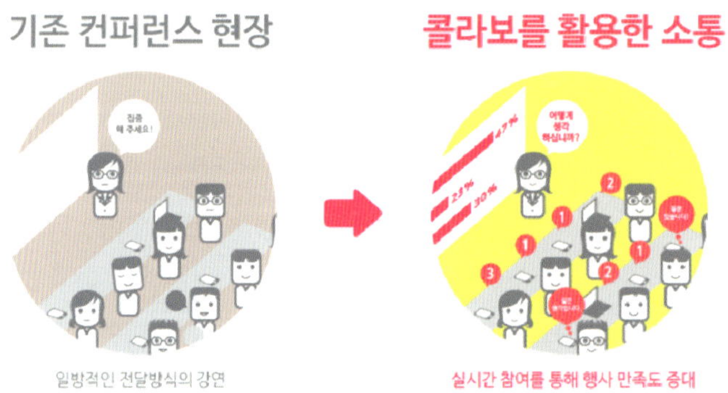

그림 4-1 일방적인 전달 방식에서 실시간 참여 방식으로 강연 전환

2. 특징

콜라보는 실시간 응답 및 결과 공유를 통해 참여자 모두가 쉽게 소통할 수 있는 Real-time Interaction Solution으로 첫째, 실시간 설문 진행 및 실시간 결과 공유를 할 수 있으며, 둘째, 강연이 진행되는 도중에 언제든지 질문을 올릴 수 있으며, 셋째, 이를 통한 청중과 화자간의 인터랙션이 발생되는 등의 특징을 갖추고 있다(그림 4-2).

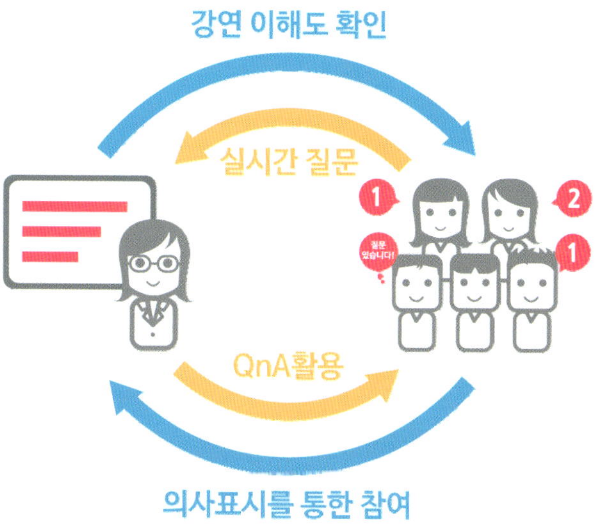

그림 4-2 콜라보의 Real-time Interaction Solution

3. 접속하기 및 관리자 페이지 안내

1) 접속하기

참여자 접속 주소는 http://minams.clbnow.com 주소(필자의 콜라보 계정)의 고유 계정 부분이 지급받은 접속 고유 계정이 된다. 예를 들어 'minams'라는 계정을 지급받았다면 http://minams.clbnow.com으로 접속할 수 있으며, 관리자 접속은 minams.clbnow.com/t이다(그림 4-3).

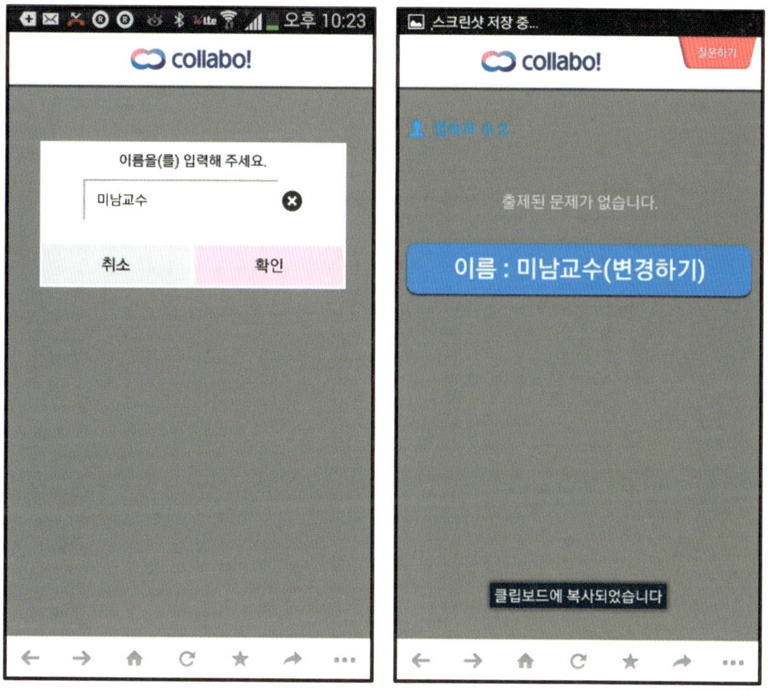

그림 4-3 관리자 고유 계정으로 참여자 접속

2) 출제 페이지 기능

관리자 메뉴의 현황은 학습자들이 보이는 화면으로 모든 관리자 버튼이 청중들에게 보이지 않는다. 〈출제〉 탭은 문제를 만들고, 실제 출제할 수 있으며, 만들어진 문제는 〈출제〉 탭 안의 카테고리 공간에 저장되고, 여기서 출제 버튼을 누르면 〈현황〉 탭에 문제가 나타난다. 그리고 〈관리〉 탭에서는 다양한 강의 설정을 할 수 있다(그림 4-4).

그림 4-4 관리자 메뉴의 페이지 구성

3) 카테고리 관리

카테고리를 등록하거나 수정 및 삭제할 수 있다. 카테고리를 만든 후 카테고리를 선택하면 해당 카테고리로 들어가게 되고, 카테고리 안에서 문제를 만들 수 있다(그림 4-5).

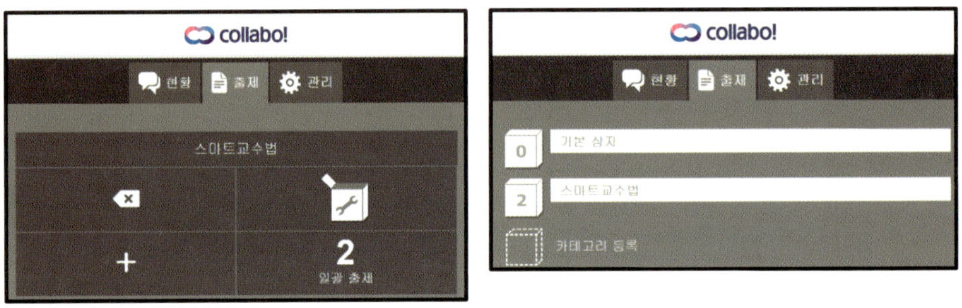

그림 4-5 카테고리 관리

4) 카테고리 목록으로 돌아가기 및 카테고리 수정/삭제

현재 선택된 카테고리의 이전 단계인 카테고리 목록으로 돌아갈 수 있으며, 현재 선택된 카테고리의 이름을 바꾸거나 삭제할 수 있다. 카테고리를 삭제할 경우 카테고리에 만들어 놓은 문제들은 기본 상자 카테고리로 옮겨진다. 단, 기본 상자로 옮기지 않고 모든 문제를 삭제하는 옵션을 선택할 수 있다. 기본 상자 카테고리는 삭제되지 않는다(그림 4-6).

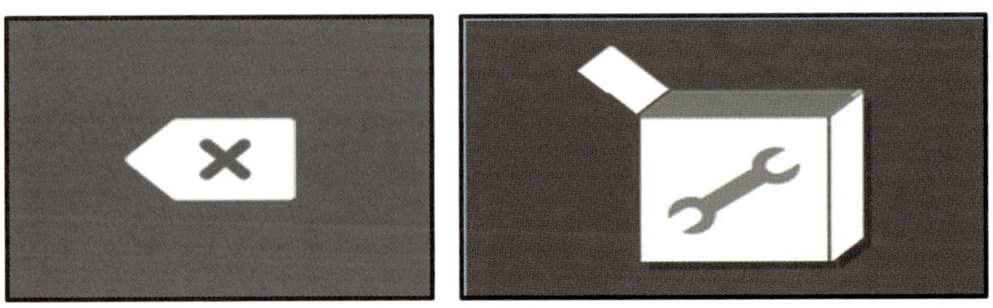

그림 4-6 카테고리 목록으로 돌아가기(좌) 및 카테고리 수정/삭제(우)

5) 문제 추가 및 일괄 출제

문제 추가를 눌러서 문제를 만들 수 있다. 〈+항목 추가〉를 누르면 항목이 추가되고, 각각 항목 옆의 '–'를 누르면 항목이 삭제된다. 항목은 최소 2개이고, 주관식을 체크하면 주관식으로 출제되며, 입력해 놓은 객관식 항목은 무시된다. 복수응답의 숫자를 변경하여 복수응답 설정도 가능하다. 문제를 수정하거나 삭제하여도 이미 출제된 문제는 변하지 않으며, 문제를 〈저장〉하면 문제가 등록되며, 상단의 X를 눌러 등록을 취소할 수 있다. 현재 선택된 카테고리 안의 모든 문제를 동시에 출제할 수 있다(그림 4-7).

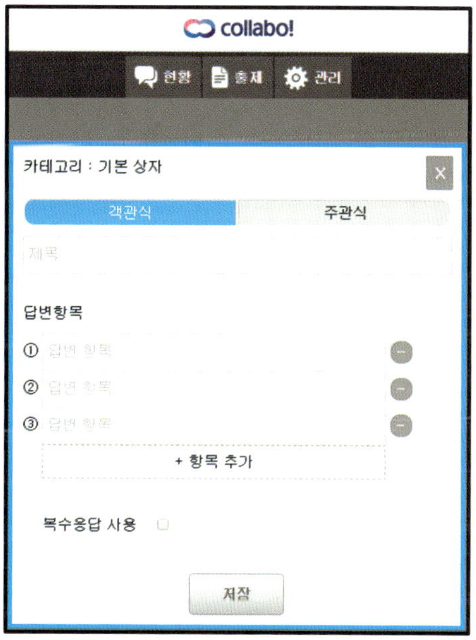

그림 4-7 카테고리 안의 '+' 버튼을 눌러 나오는 문제 추가 화면

6) 문제 수정/복사/삭제

문제를 등록한 후에는 메뉴 하단에 최근 등록한 순서대로 나열되며, 나열된 문제의 〈수정/복사/삭제〉를 눌러 수정, 복사 및 삭제를 할 수 있다(그림 4-8).

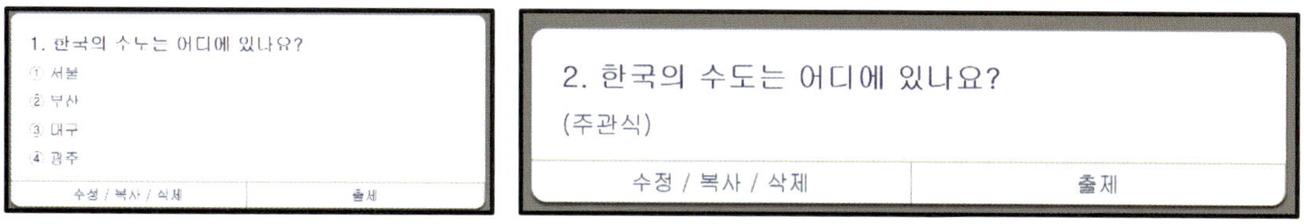

그림 4-8 문제 수정/복사/삭제

7) 문제 출제

〈출제〉를 눌러 문제를 출제할 수 있으며, 문제 출제는 시간을 설정하여 〈제한〉 출제하거나, 〈무제한〉 시간을 선택하여 출제할 수 있다. 문제를 출제하면 현황 메뉴에 게시되며, 게시된 문제는 수정하거나 취소할 수 없다. 단, 문제를 출제하여도 출제 메뉴에 등록된 문제는 수정이 가능하며 중복하여 출제할 수 있다(그림 4-9, 4-10).

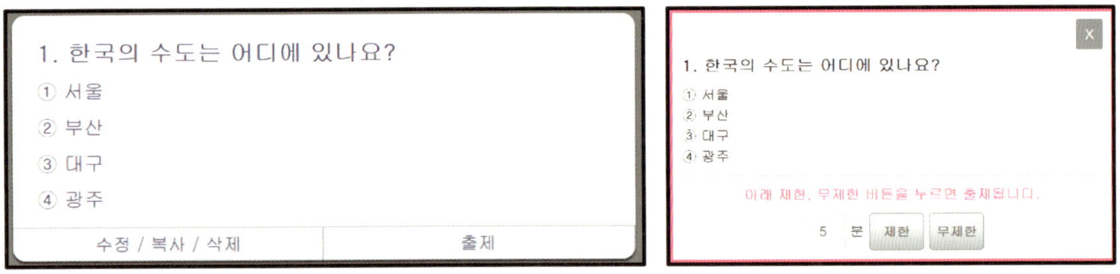

그림 4-9 객관식 출제

그림 4-10 주관식 출제

8) 현황 페이지 기능

현황 페이지에서는 출제된 문제를 관리할 수 있는 기능이 있다. 첫째, 〈결과 숨김〉 기능은 결과 숨김 상태에서는 강연자도 결과를 볼 수 없다. 둘째, 〈결과 보기〉를 눌러 강연자만 현재 결과를 볼 수 있다. 셋째, 〈결과 공유〉는 강연자와 청중 모두에게 결과를 보여준다. 넷째, 〈문제 숨김〉은 출제된 문제를 참가자가 볼 수 없도록 숨길 수 있다. 다섯째, 〈응답 진행〉은 문제가 출제되면 기본으로 응답 진행 상태이며, 참가자가 문제에 대해 답변할 수 있다. 여섯째, 〈문제 마감〉은 제한시간이 남아있는 문제 또는 무제한 문제를 마감한다. 마감된 문제는 참가자가 더 이상 답변할 수 없다.

그 밖에 가운데에 있는 〈명단 숨김/보기〉 기능은 〈관리〉에서 〈참여자 구분〉을 설정하여 사용자들로부터 정보를 입력받았을 때만 사용 가능하다. 또한 명단은 현재 보안상의 이유로 실시간 반영되지 않으며, 참가자들에게 공유도 지원하지 않는다. 문제 목록 가장 상단의 설정은 모든 문제의 설정을 동시에 변경할 수 있다(그림 4-11).

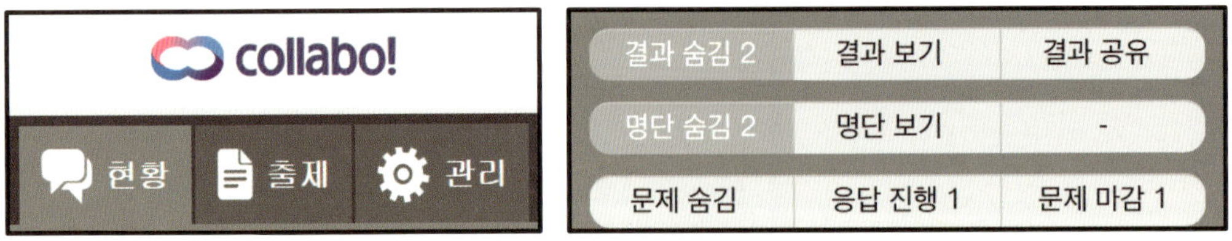

그림 4-11 현황 페이지의 통계 설정 기능

9) 관리 페이지 기능

첫째, 강의가 시작된 일시는 현재 참여 중인 강의가 시작된 일시를 표시한다.

둘째, 출제된 문제 수는 마감된 문제를 포함하여 현재 강의에서 출제된 문제 수를 나타낸다.

셋째, 현황 비우기는 기본적으로 강의 시작을 의미하고, 버튼을 누르는 순간 새 강의가 시작되면 참가자들은 이전 강의의 문제들이 보이지 않게 된다. 현황 비우기를 통해 강의 결과를 이전 출제 목록으로 이동시킬 수 있으며, 관리자에 한하여 이전 강의 목록을 선택하여 조회할 수 있다.

넷째, 현재 강의 엑셀파일받기는 현재 강의 문제별 통계, 응답자별 답변 통계를 엑셀로 받을 수 있다. 기본적으로 아무 정보도 입력하지 않으면 즉시 다운로드가 되고, 이메일로 받을 수 있으며, 만약 메일이 도착하지 않을 경우 스팸 편지함을 확인하면 된다.

다섯째, 참여자 구분은 응답자들을 구분하기 위한 식별자를 무엇으로 입력받을지 지정하는 기능이다. 접속 시 참가자가 해당 사항을 직접 입력하게 되고, 입력된 식별자는 질문하기에 표시되며, 문제에서 어떤 답을 선택했는지 통계에 쓰이게 된다. 참여자 구분을 삭제하면 사용자들에게 아무 입력을 받지 않고 모든 응답을 무기명으로 진행할 수 있다.

여섯째, 공지사항의 경우 콜라보 화면의 첫 페이지에 노출되는 공지사항을 실시간으로 변경 가능하며, html tag 입력이 가능하다. 예를 들어 <img src="이미지 주소 url" width="100%">의 tag를 사용하면 공지사항에 이미지를 첨부할 수 있으며, Youtube의 동영상 링크나, 바로가기, 다운로드 링크 등도 사용이 가능하다.

일곱째, 이전 출제 목록은 새 강의를 시작하면 이전에 출제된 문제 및 질문들은 이전 강의 목록으로 이동한다. 이전 강의 목록을 선택하면 언제든지 살펴볼 수 있다. 주의사항은 강의 진행 중에 이전 강의를 보는 도중 새 문제를 출제하거나 질문이 등록되면 이전 강의 목록과 같이 나오게 된다. 다시 현재 강의로 돌아가기를 선택하면 정상적으로 출력된다.

여덟째, 로그아웃은 관리자 모드인 /t에서 로그인한 경우 http://고유계정.clbnow.com으로 접속하여도 관리자 모드로 접속되며, 마지막 접속을 기준으로 2시간 동안 자동 로그인이 유지된다. 관리자 모드를 해제하기 위해서는 반드시 로그아웃을 해야 한다(그림 4-12).

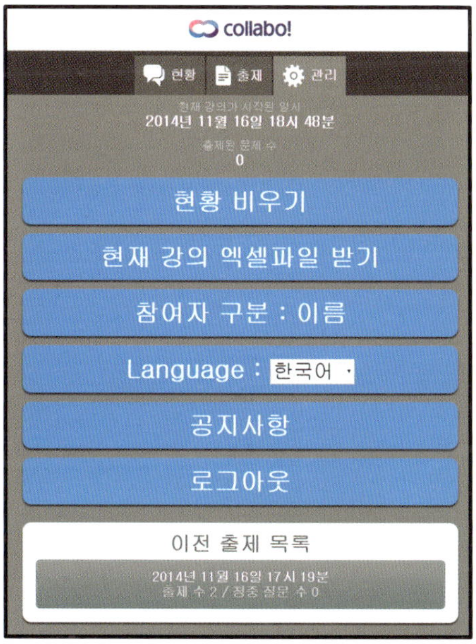

그림 4-12 관리 페이지 기능

10) 질문하기

메뉴 상단에 있는 질문하기를 눌러 참여자의 질문들을 관리할 수 있다(그림 4-13). 강의 성격에 맞지 않거나 불필요한 질문을 삭제할 수 있으며, 질문을 선택하여 답변한 후 답변 완료를 누르면 질문이 어둡게 변하며 목록의 하단으로 이동한다.

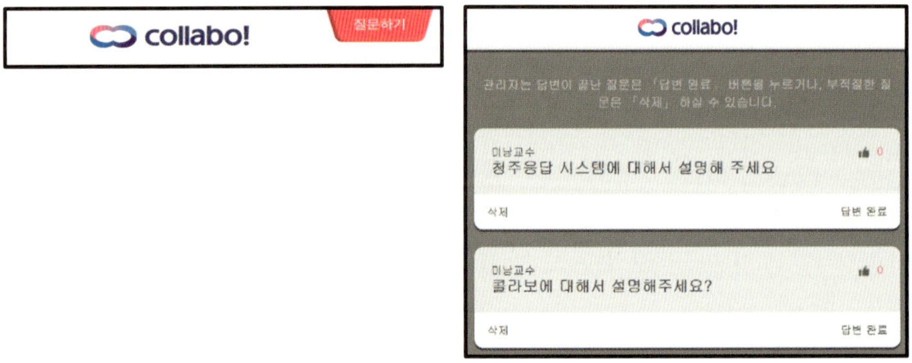

그림 4-13 질문하기

4. 콜라보 시작하기

1) 로그인

발급된 주소로 접속 후 패스워드를 입력하여 로그인하면 관리자 메뉴로 연결된다(그림 4-14).

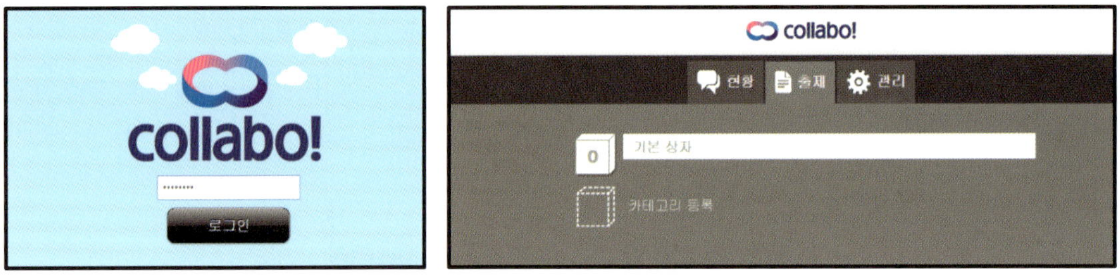

그림 4-14 로그인

2) 카테고리 등록

출제메뉴 버튼을 누른 후 카테고리 등록을 선택하고 입력한다(그림 4-15).

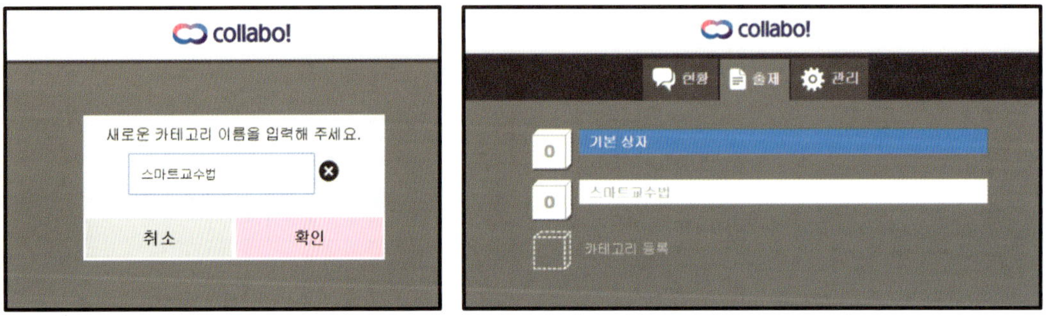

그림 4-15 카테고리 등록

3) 객관식 및 주관식 출제 유형 실행

등록한 스마트 교수법 카테고리를 선택한 후 '+'를 선택하면 객관식 및 주관식 출제 유형으로 실행된다(그림 4-16, 4-17).

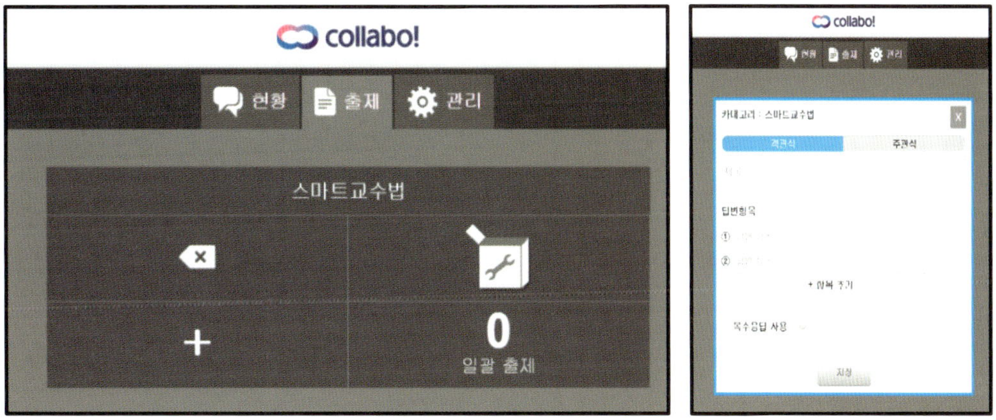

그림 4-16 객관식 출제 유형 선택

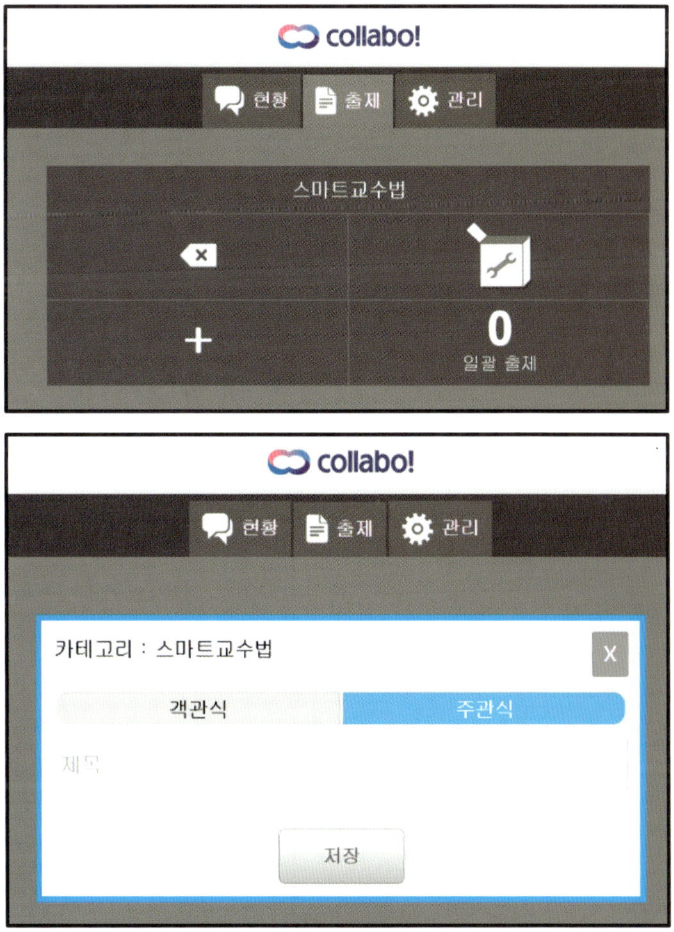

그림 4-17 주관식 출제 유형 선택

4) 객관식 및 주관식 문제 입력 후 저장

객관식이나 주관식 문제를 입력한 다음 저장을 누른다(그림 4-18, 4-19).

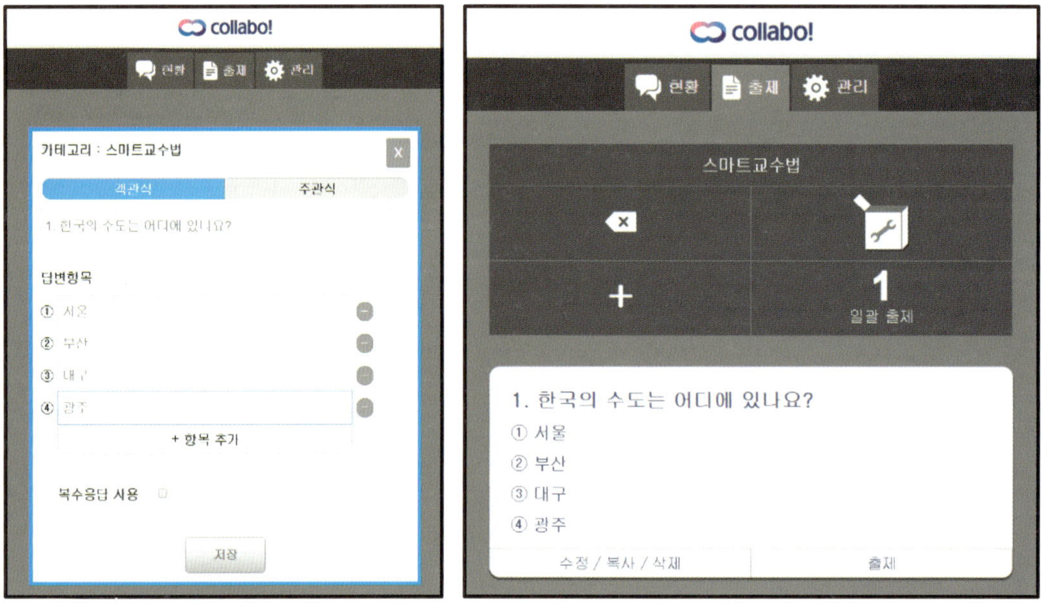

그림 4-18 객관식 문제 입력 후 저장

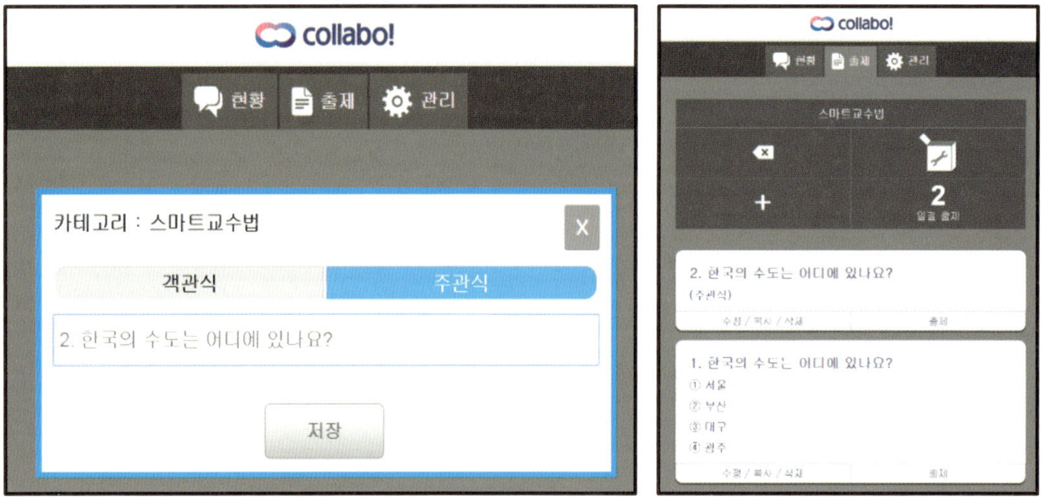

그림 4-19 주관식 문제 입력 후 저장

5) 문제 출제

출제 버튼을 누르고, 제한시간 또는 무제한을 선택하면, 문제가 출제되고 현황에서 출제된 문제를 확인할 수 있다. 참가자들이 모든 문제를 응답했다면 문제 마감을 눌러 종료한다(그림 4-20~4-22).

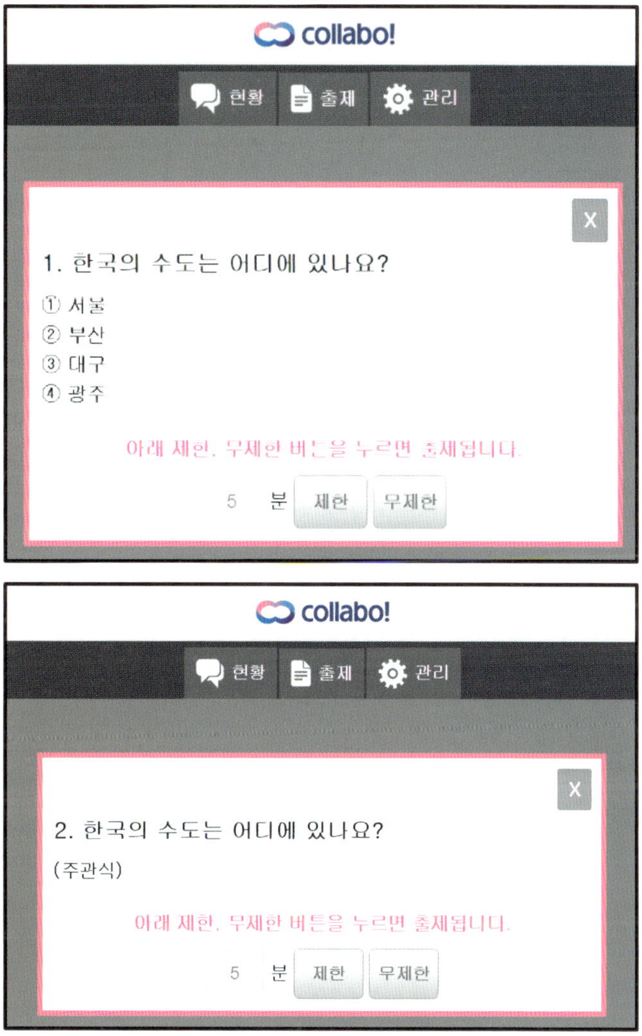

그림 4-20 객관식/주관식 문제 출제

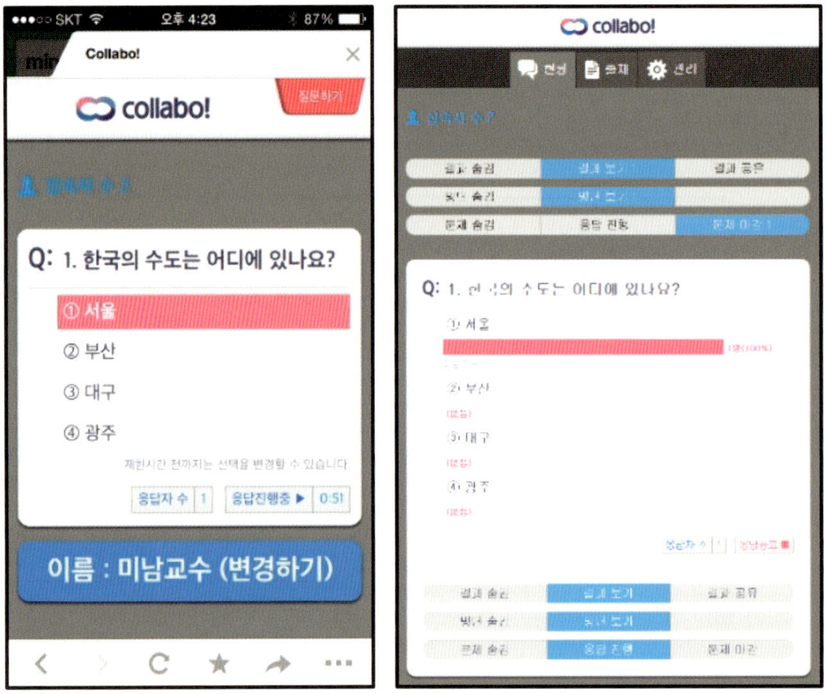

그림 4-21 객관식 문제 응답 결과

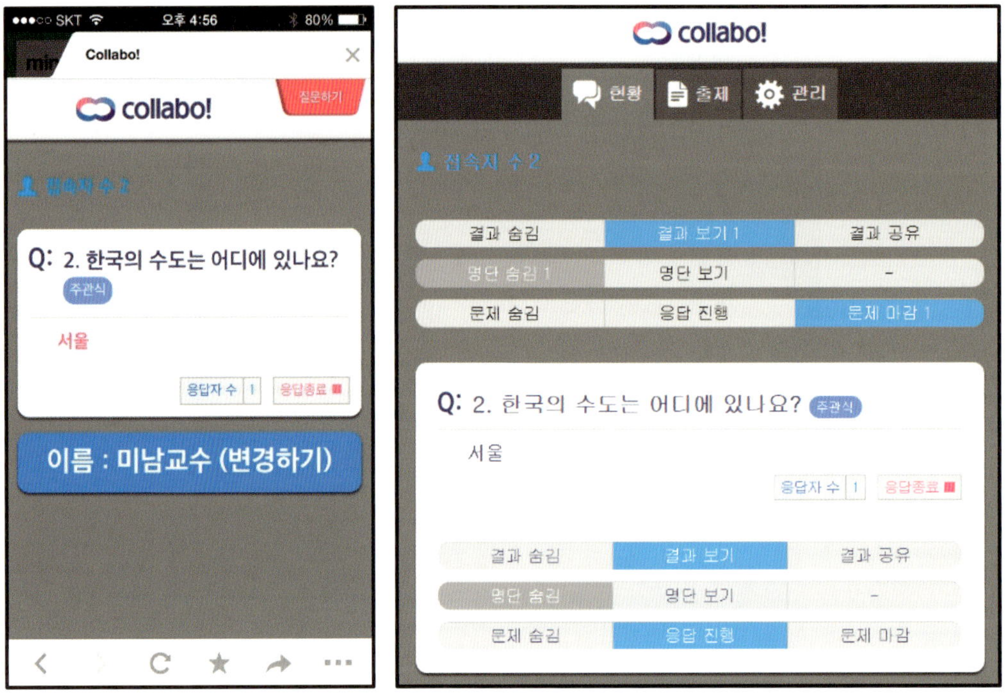

그림 4-22 주관식 문제 응답 결과

6) 결과 공유

결과 공유를 선택하면 모든 참가자의 스마트폰에 결과가 공유된다(그림 4-23).

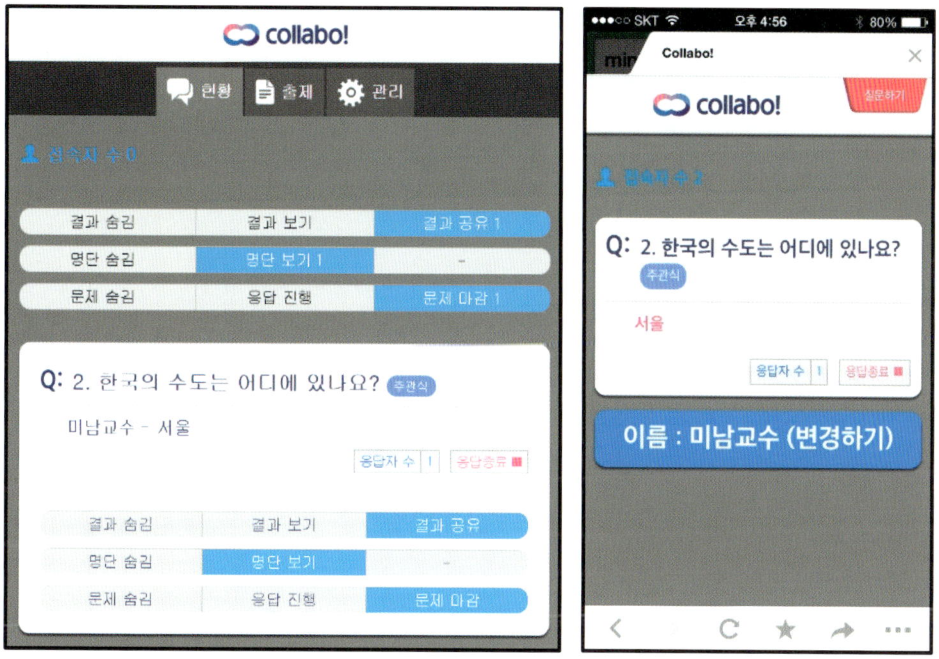

그림 4-23 결과 공유

7) 엑셀 파일 이메일 전송

강연의 모든 결과를 엑셀 파일로 하여 이메일로 전송할 수 있어 데이터 활용이 가능하다(그림 4-24).

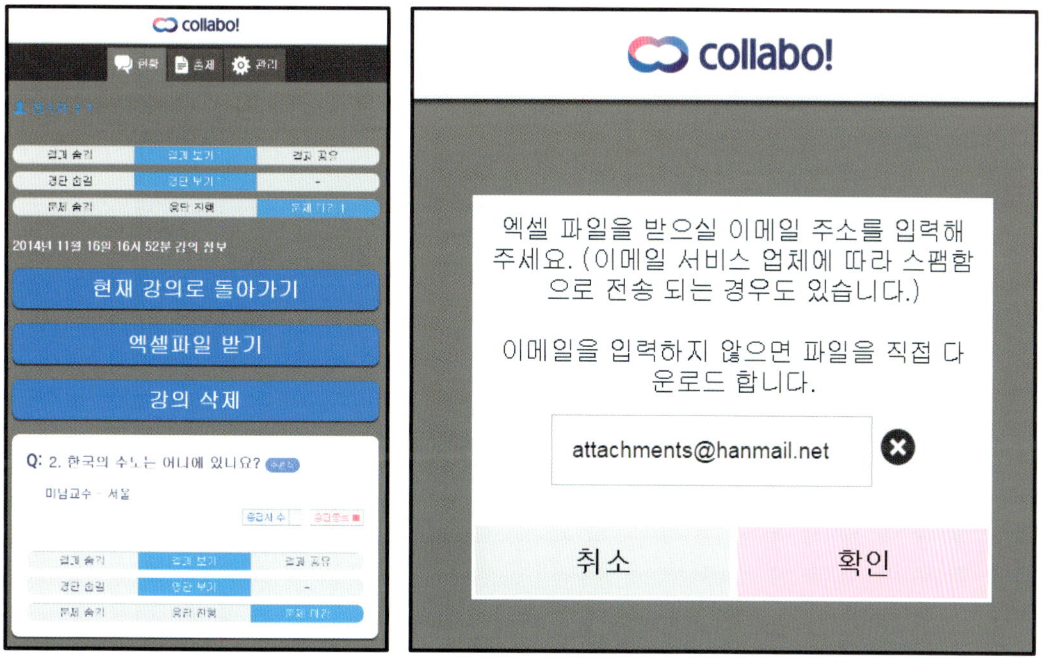

그림 4-24 엑셀 파일 이메일 전송

8) 일괄 출제

현재 선택된 카테고리 안의 모든 문제를 동시에 출제할 수 있다(그림 4-25, 4-26).

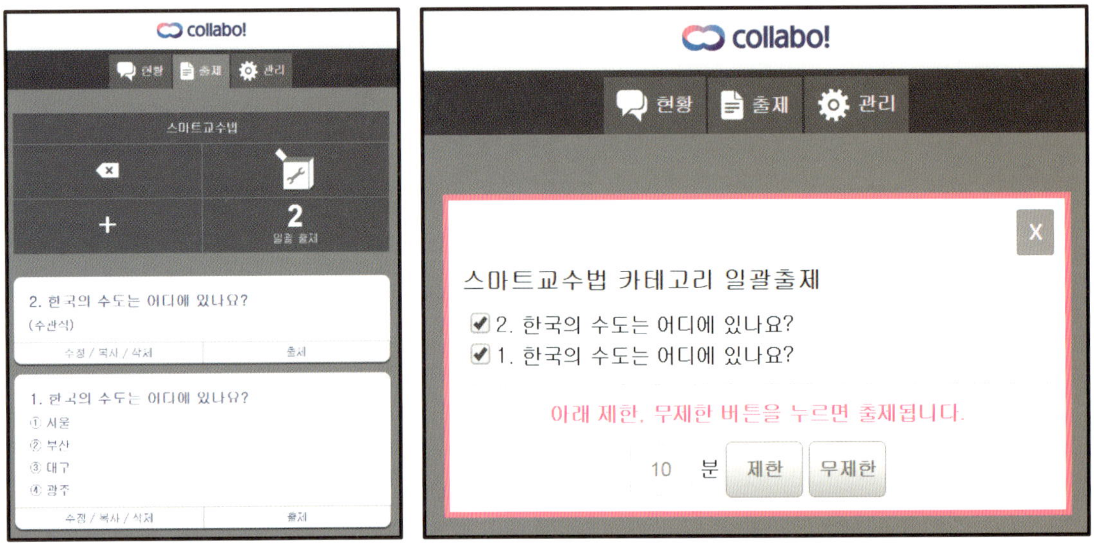

그림 4-25 일괄 출제

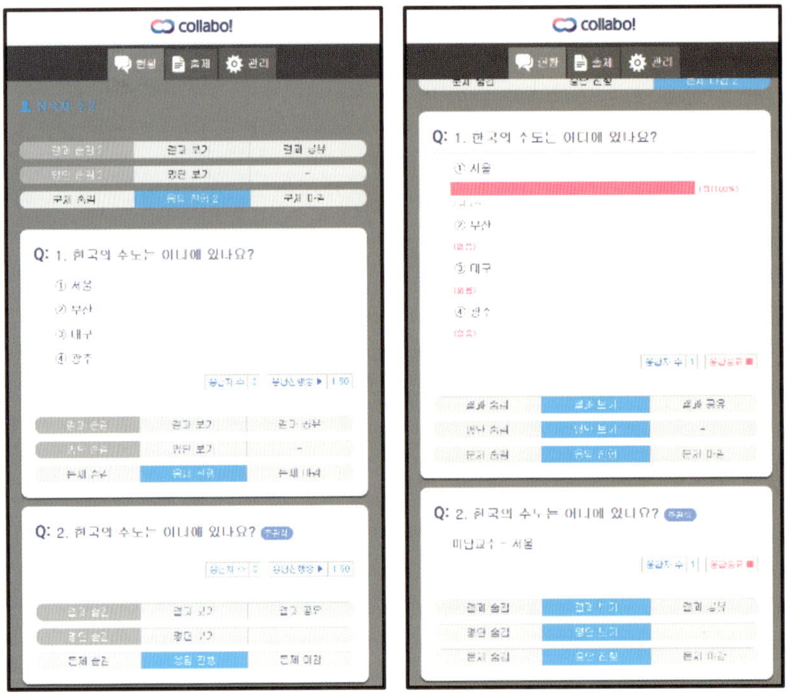

그림 4-26 일괄 출제 문제와 응답

현재 콜라보는 전국의 초·중·고등학교 선생님은 물론 공익 목적의 사용에 무료 계정을 제공하고 있으므로 홈페이지(www.clbnow.com)에서 신청이 가능하다.

www.symflow.com

05

심플로우

Symflow

SYMFLOW

심플로우(Symflow)는 오프라인의 Interactive Communication을 도와주는 온라인 플랫폼으로 ‘Symphony’, ‘Sympathy’의 ‘Sym’과 ‘Flow’의 합성어로서 ‘함께 공감하여 흐름을 만들어 가는 것’을 의미하는 프로그램이다.

SYMFLOW

1. 심플로우 소개

SYMFLOW

심플로우(www.symflow.com)는 'Symphony', 'Sympathy'의 'Sym'과 'Flow'의 합성어로서 '함께 공감하여 흐름을 만들어 가는 것'을 의미한다. 심플로우를 한마디로 정의하면 '오프라인의 Interactive Communication을 도와주는 온라인 플랫폼'이라고 할 수 있다(그림 5-1).

교수자와 학생이 함께하는 수업, 강사와 청중이 있는 강연, 작게는 가족 간의 소통부터 크게는 방송을 보는 시청자들까지 삶을 살아가는 데 있어서 가장 중요한 사람과 사람 사이의 소통을 좀 더 유연하고 의미 있게 만들어 주는 것이 심플로우의 지향점이라고 할 수 있다.

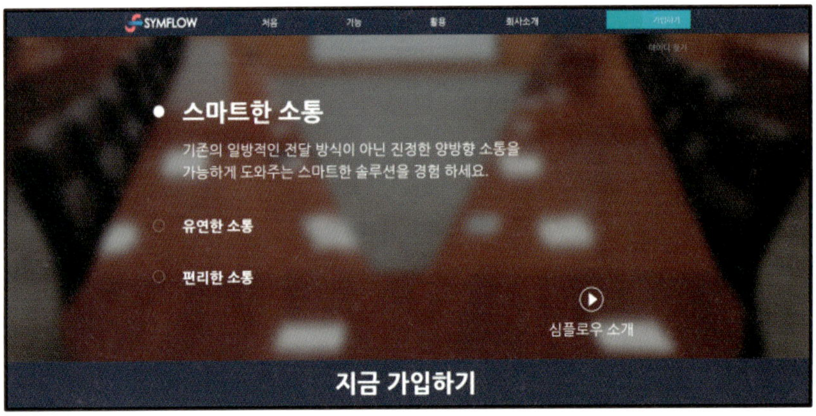

그림 5-1 심플로우 홈페이지

2. 학교 교육 활용 방안

교육 현장에서는 주로 3단계로 나누어 심플로우를 활용하고 있다. 수업 전(사전 설문), 수업 중(실시간 질문하기), 수업 후(평가 도구)에서 많이 이용하고 있다.

1) 수업 전

수업이 시작되기 전에 기본적인 다운플로우 기능을 활용하여 수업에 대한 사전이해도 확인과 이번 수업시간에 집중적으로 다루었으면 하는 내용을 학생들에게 물어보고, 해당 결과를 바탕으로 수업의 방향을 정하여 조금 더 유연한 수업을 할 수 있다.

2) 수업 도중

수업 도중에도 업플로우를 통해 학생들의 질문을 받는 것이 핵심이다. 특히, 무기명으로 질문을 받게 되면 자신이 모르는 것을 창피해 하지 않고 적극적으로 질문하거나, 상상도 못한 다양한 질문이 올라온다. 기습적으로 주의집중을 위한 퀴즈를 출제하는 것 또한 좋은 방법이다.

3) 수업 마무리

수업을 마무리할 때 정답 체크 기능을 활용하여 간단한 쪽지 시험을 볼 수 있다. 많은 선생님의 공통된 고민 중 하나가 평가에 대한 것인데, 시험을 보는 것이 문제가 아니라 채점, 정리 및 사후 관리의 문제가 가장 귀찮고, 시간이 많이 걸린다는 이야기가 많다. 이러한 문제를 해결하기 위해 심플로우는 문제를 출제할 때 정답 체크와 점수 배분이 가능하며, 주관식 문제 또한 출제자가 정답에 해당하는 단어를 여러 개 입력하여 다양한 답변에 대응할 수 있다(그림 5-2).

그림 5-2 심플로우 활용

3. 심플로우 기능

기술적으로 HTML 5로 구성된 Web App 형태로서 별도의 어플리케이션을 다운받지 않고 전용 인터넷 주소에 접속하는 것만으로도 그 기능을 즉시 100% 활용할 수 있는 것이 가장 큰 특징이다. 별도의 전용 접속 주소를 통해 발표자는 자신의 강연 시나리오에 맞는 설문 내용을 미리 준비하거나 발표 자료를 관리할 수 있고, 일반 청중들도 인터넷이 접속되는 어떠한 기기에서도 사용 가능한 크로스 플랫폼이다.

심플로우 핵심 기능은 크게 발표(presentation), 다운플로우(downflow), 업플로우(upflow)의 3가지이다(그림 5-3).

그림 5-3 심플로우 3가지 기능

1) 발표

발표(Presentation) 기능의 경우 'PPTX', 'PDF' 형식의 파일을 간단하게 업로드 하는 것만으로 심플로우 페이지에서 발표 자료를 함께 보면서 강연 또는 수업을 진행할 수 있어 진정한 Paperless 환경을 구성할 수 있다. 특히, 이렇게 업로드된 발표 자료는 별도의 발표 전용 페이지를 통해 발표자가 화면을 직접 컨트롤 할 수 있다(그림 5-4).

예를 들어 강연 현장에서 프로젝터 또는 대형 화면에 연결된 PC에서 일반 청중 접속 주소가 아니라, 전용 주소(●●●●.symflow.com/p)로 접속하면, 발표자가 화면을 컨트롤 할 수 있는 특별한 페이지가 로드되고, 자신의 스마트폰이나 태블릿 PC를 이용하여 원하는 발표 자료를 보여주는 것뿐만 아니라, 다운플로우와 업플로우의 기능도 슬라이드처럼 활용할 수 있어 진정한 실시간 소통이 가능하다.

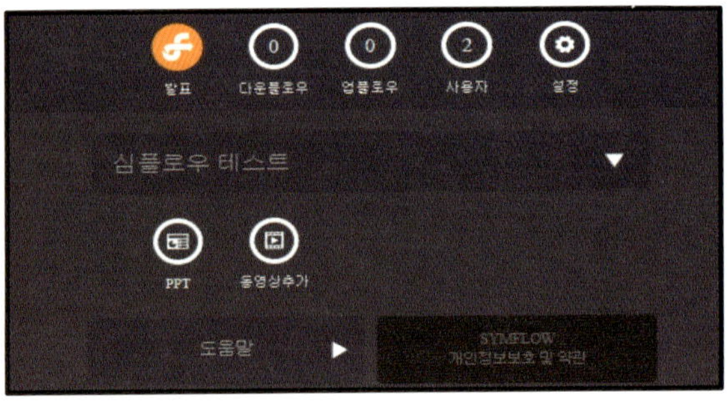

그림 5-4 발표 기능

2) 다운플로우

다운플로우(Downflow)는 말 그대로 아래쪽으로 흘러가는 느낌으로 연단에 있는 발표자로부터 청중으로의 흐름을 뜻한다. 발표자 또는 강연자 입장에서 청중에게 궁금한 내용을 물어보거나, 강연 이해도를 확인할 수 있는 실시간 설문을 생각하면 좋을 것 같다(그림 5-5).

강연이나 수업이 시작되기 전에 사전 설문을 통하여 청중들의 관심도를 미리 알아볼 수 있으며, 강연 도중에는 교육 내용에 대한 이해도를 실시간으로 확인하거나, 간단한 퀴즈를 통해 주의 집중시키는 활용도 가능하다.

강연이 끝난 이후에는 강연에 대한 평가, 외부 강사에 대한 평가는 물론 다양한 목적의 설문조사도 가능하며, 이 모든 내용은 excel 다운로드를 통해 raw data를 확보할 수 있다. 특히, 점수 반영 및 정답 체크 기능은 간단한 시험 및 자동 채점이 가능하며, 이를 위한 관리자 패스워드 설정이나 신규 접속자 제한 등의 강력한 보안 기능이 존재한다.

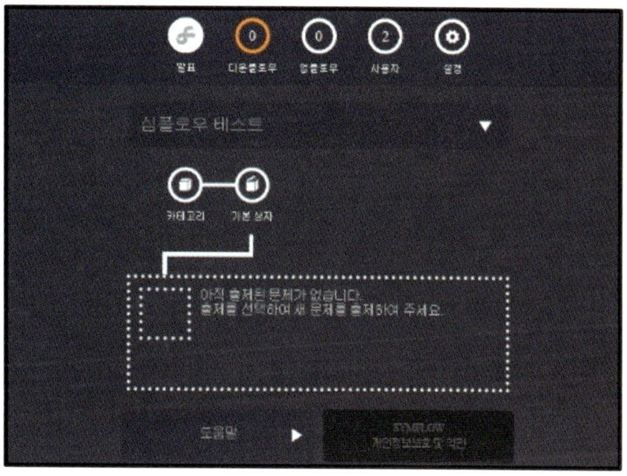

그림 5-5 다운플로우 기능

3) 업플로우

업플로우(Upflow)의 경우 다운플로우와 반대로 청중으로부터 연단에 있는 발표자에게 궁금한 것을 물어보는 흐름으로 실시간 질문하기 기능이다. 강연 도중 언제든지 궁금한 것을 물어볼 수 있으며, 다른 사람들의 질문에 공감할 경우 추천할 수 있다(그림 5-6).

추천 수가 높은 순으로 자동 정렬되어 현장에서 많은 청중이 궁금해 하는 내용을 쉽게 확인할 수 있고, 특정 발표자를 지정하여 질문할 수 있기 때문에 여러 연사에 대한 대응도 가능하다. 업플로우 기능이 갖는 의미는 '내가 이런 질문하면, 저런 것도 모른다고 다른 사람들이 손가락질 하지 않을까?'하는 청중의 공포를 해소해 주는 것이며, 실제 다양한 사용 현장에서 가장 많이 활용되는 기능이다.

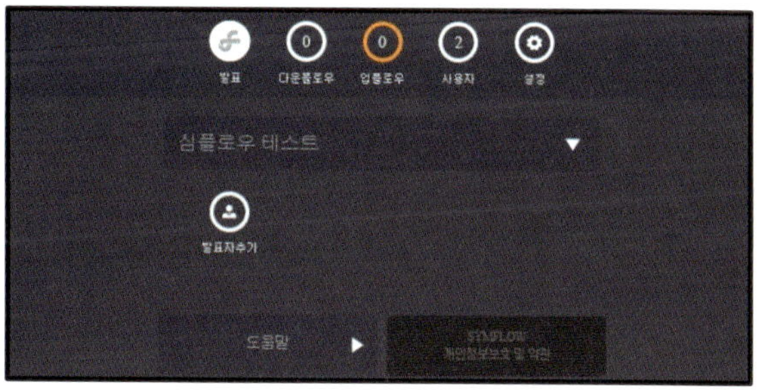

그림 5-6 업플로우 기능

4. 심플로우 관리자 모드

1) 기본 화면

사용자는 관리자 모드를 통해 계정을 관리하고 조작할 수 있다(그림 5-7).

관리자 모드는 ●●●.symflow.com 형태의 계정 뒷부분에 /t 삽입 후 접속할 수 있다(●●●.symflow.com/t).

①의 상단 메뉴 바는 주요 메뉴로 이동하는 버튼이 위치하며, 현재 위치한 메뉴는 강조 색으로 표시

된다. ②의 나의 첫 심플로우 강연은 강연정보(공지사항) 표시이다. ③의 하위 메뉴 바는 주요 메뉴에 하위 메뉴가 존재할 경우에 하위 메뉴 이동 버튼이 표시된다. ④는 내용 영역으로 화면마다 다른 내용이 출력된다. ⑤는 각 화면별 도움말이 출력된다. ⑥은 심플로우 홈페이지로 이동한다.

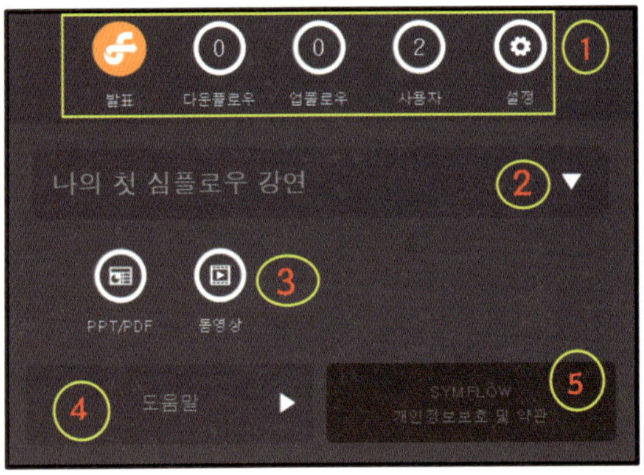

그림 5-7 관리자 모드의 기본 화면

2) 발표 화면

발표 화면에는 발표에 사용할 슬라이드가 업로드되어 공유되므로 Paperless 구현에 효과적이다(그림 5-8).

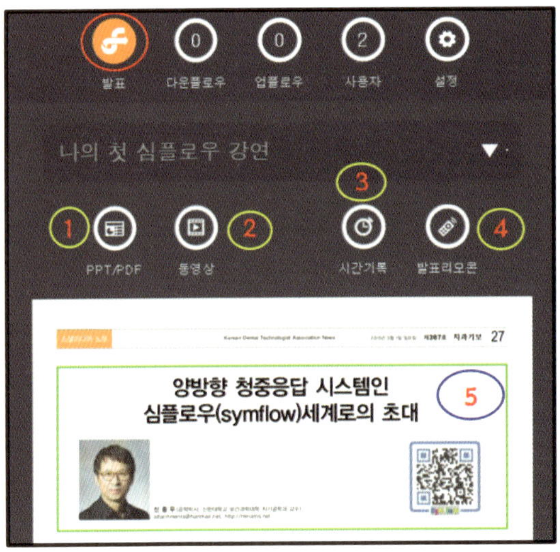

① [PPT/PDF 업로드] 버튼
② [동영상 업로드] 버튼
③ [시간기록] 버튼
④ [발표리모컨] 버튼
⑤ 발표 슬라이드 영역

그림 5-8 발표 화면

(1) PPT/PDF 업로드 버튼

PPTX 및 PDF 형식의 파일을 업로드 하는 기능으로 버튼을 누르면 파일 탐색기가 출력된다(그림 5-9).

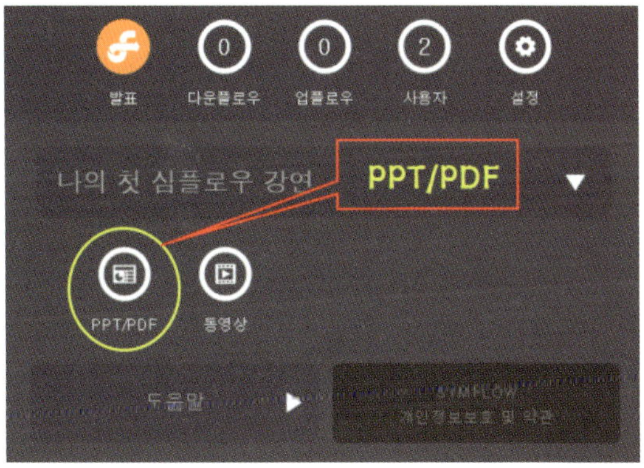

그림 5-9 PPT/PDF 업로드

업로드 페이지에서 업로드 버튼을 누르면 파일 탐색기가 출력되며, 원하는 파일을 선택한 후 열기를 실행하면 동작한다(그림 5-10). 업로드가 완료되면 화면에 파일의 제목, 등록 일시, 페이지 수가 표시된다. 파일이 업로드된 후 우측의 오렌지색 네모 박스를 체크하면, 하단에 현재 선택된 파일의 이름이 표시된다. 파일이 업로드되는 진행 상황이 표시되며 용량이 큰 경우 시간이 다소 소요될 수 있다.

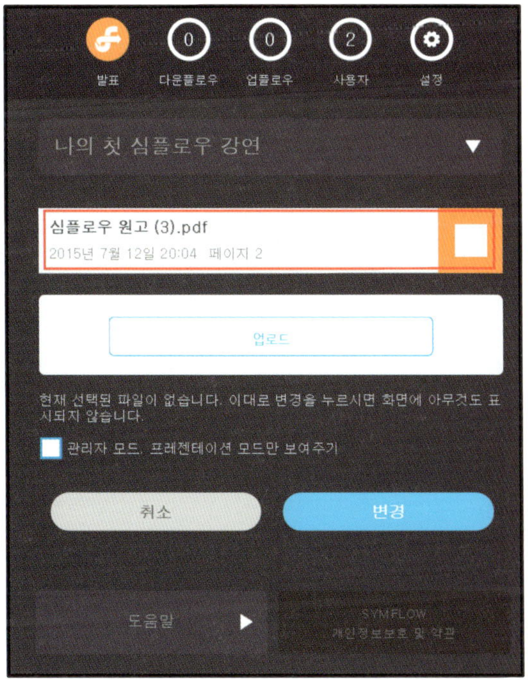

그림 5-10 PPTX 및 PDF 형식의 파일 업로드

파일을 실행하고자 할 경우에는 오른쪽 하단의 변경을 체크하면 되고, 반대로 삭제하고자 할 경우에는 하단의 선택된 파일 이름 옆에 있는 삭제를 체크하면 삭제된다(그림 5-11~5-13).

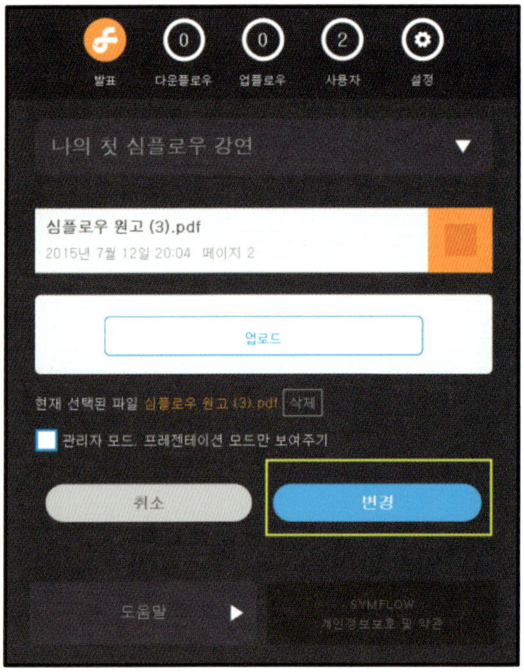

그림 5-11 변경 클릭으로 파일 실행

그림 5-12 실행된 PDF 파일

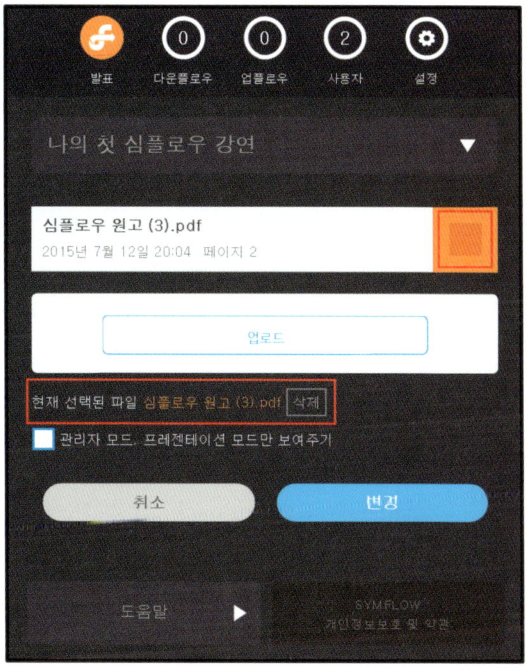

그림 5-13 업로드된 PDF 파일 삭제

고려사항은 첫째, 최대 50MB의 용량 제한이 있으며, PPT 파일의 애니메이션, 동영상은 동작하지 않는다. 둘째, 업로드된 자료는 계정에 접속한 학습자가 열람 가능하므로 보안에 민감한 자료의 경우 관리자 모드, 프레젠테이션 모드만 보여주기 옵션을 사용해 주는 것이 바람직하다(그림 5-14, 5-15).

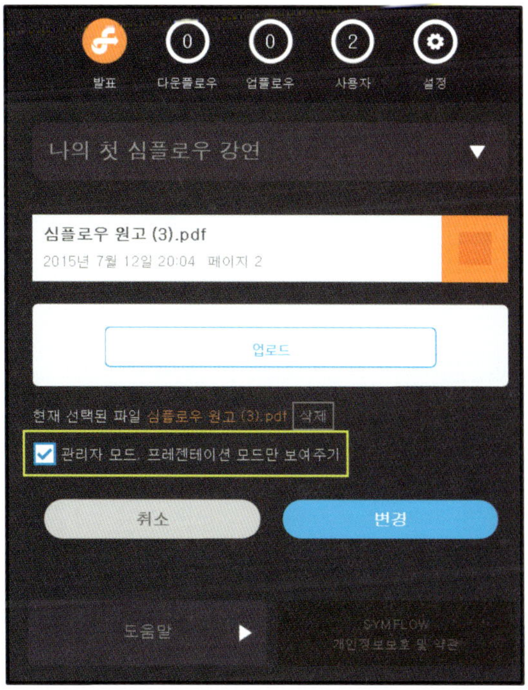

그림 5-14 관리자 모드, 프레젠테이션 모드만 보여주기 옵션

그림 5-15 파일 비공개 상태

(2) 동영상 업로드 버튼

Youtube, Vimeo에 업로드된 동영상을 업로드 하는 기능이다(그림 5-16).

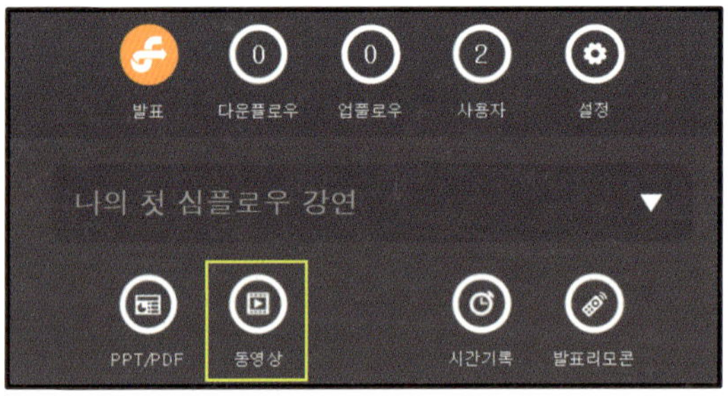

그림 5-16 동영상 업로드

동영상 버튼을 누른 후 출력되는 입력 메뉴에 동영상의 공유용 링크(URL)를 입력하고 확인 버튼을 클릭하면 작동한다(그림 5-17~5-19).

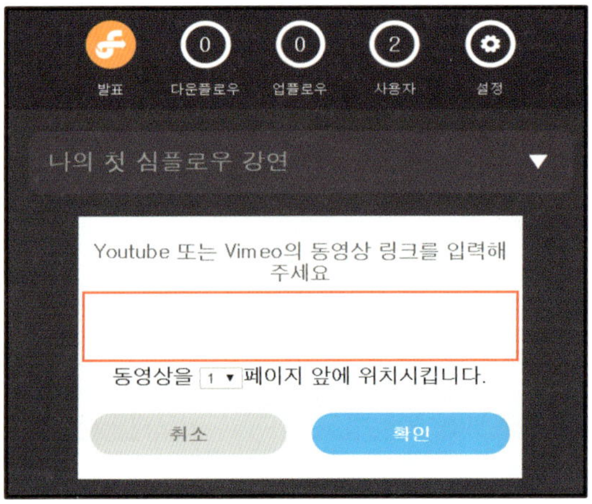

그림 5-17 동영상 링크 창

그림 5-18 동영상 공유 주소(URL) 복사

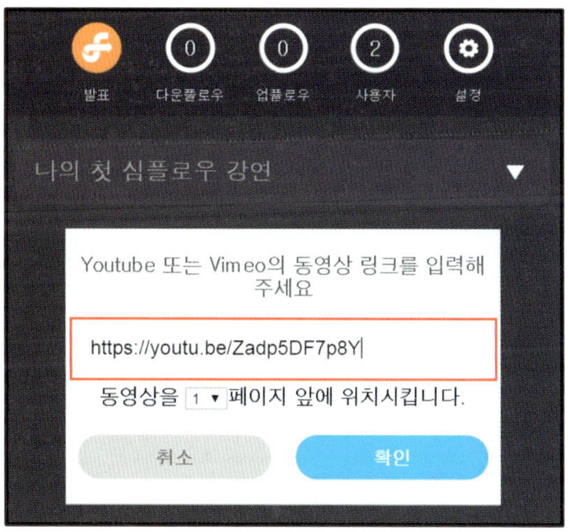

그림 5-19 동영상 링크 창에 주소 붙여 넣기

입력 메뉴에서 업로드 시 동영상이 위치할 곳을 지정할 수 있다(그림 5-20).

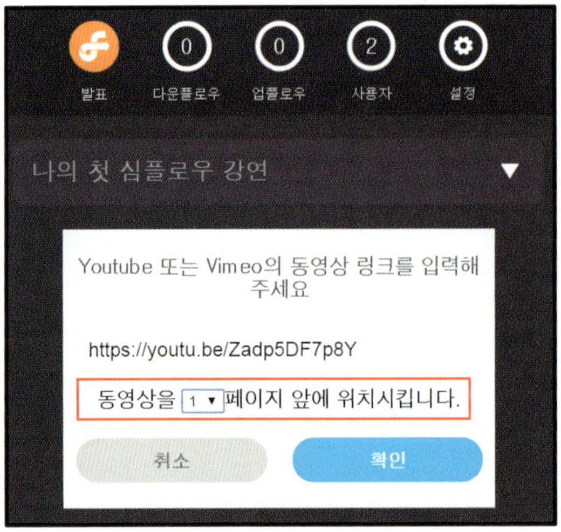

그림 5-20 동영상 업로드 시 편집

추가된 동영상의 load 버튼을 누르면 영상이 재생되고, unload를 누르면 정지된다(그림 5-21, 5-22).

그림 5-21 Load 버튼으로 동영상 재생

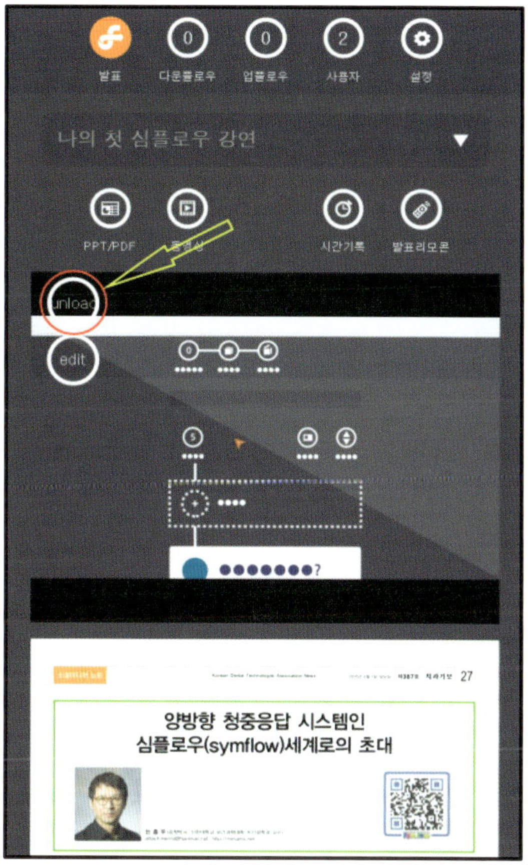

그림 5-22 Unload 버튼으로 동영상 정지

edit 버튼을 눌러 해당 동영상을 삭제하거나 위치를 변경할 수 있다(그림 5-23, 5-24).

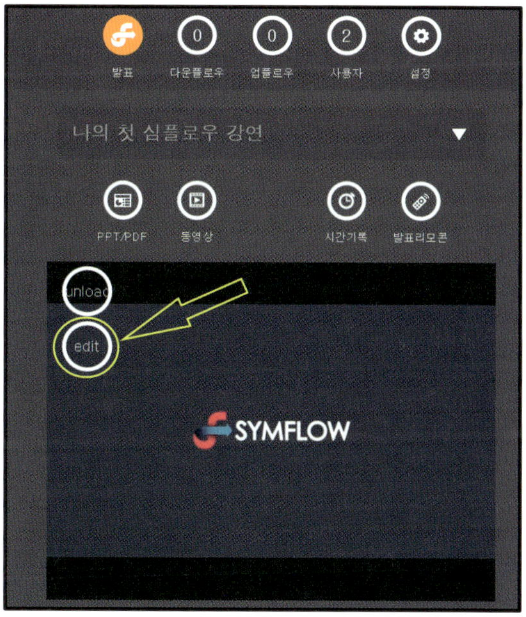

그림 5-23 Edit 클릭으로 동영상 재편집

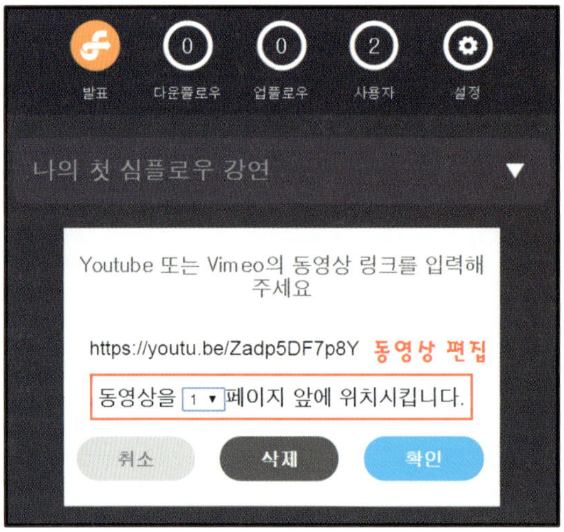

그림 5-24 동영상 위치 재편집

(3) 시간기록 버튼(슬라이드 업로드 후 표시)

프레젠테이션 모드에 슬라이드가 표시된 시간을 기록한 메뉴를 출력한다. 이 기능으로 사용자는 각 슬라이드를 발표하는 데 걸린 시간을 파악할 수 있다. 발표시간이 엄격히 제한되어 있는 경우에 대비한 연습 등을 위해 사용할 수 있다. 슬라이드의 1페이지가 시작되면 자동으로 전체 타이머가 시작되며, 기존에 기록된 시간은 초기화된다(그림 5-25, 5-26).

전체 타이머는 발표리모콘을 사용해 프레젠테이션 모드에 강연정보(공지사항) 및 QR코드가 표시되면 종료되고, 발표에 사용한 총 시간이 합산되어 기록된다. 발표리모콘에서도 전체 소요 시간과 현재 프레젠테이션 모드에 표시된 슬라이드의 시간이 나타난다.

고려사항은 관리자 모드 재접속 및 새로고침 실행 시 발표리모콘의 진행 상황과 시간은 초기화되며, 이때 표시된 슬라이드는 현재 프레젠테이션 모드에 표시된 슬라이드와 다를 수 있다.

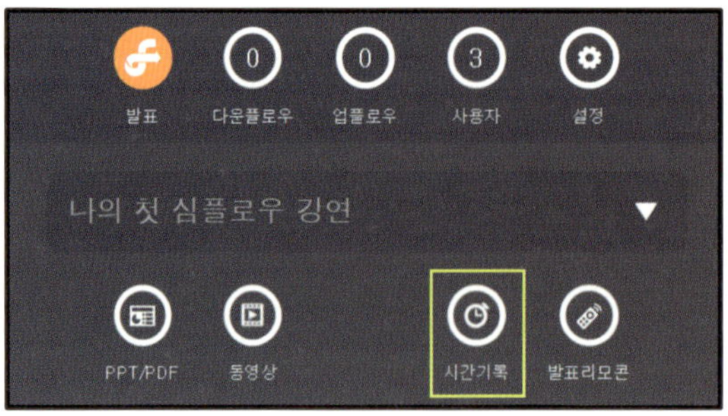

그림 5-25 시간기록 클릭

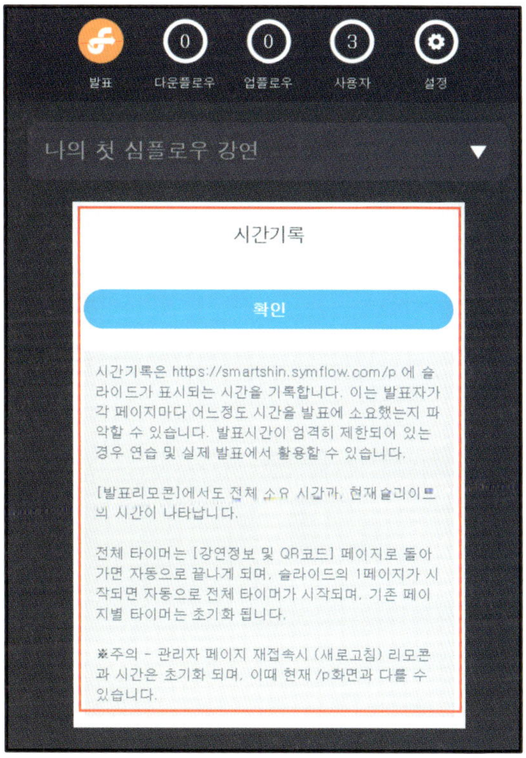

그림 5-26 시간기록 참고사항

(4) 발표리모콘 버튼(슬라이드 업로드 후 표시)

프레젠테이션 모드에 표시되는 슬라이드를 조작하는 메뉴를 출력한다. 이 기능을 스마트폰에서 실행하면 프레젠터 리모컨처럼 활용할 수 있다. 메뉴의 상·하단에 이전/이후 슬라이드가 표시되며, 가운데에는 현재 프레젠테이션 모드에 표시된 슬라이드 및 전체 소요 시간과 현재 슬라이드에서 사용한 시간이 표시된다(그림 5-27, 5-28).

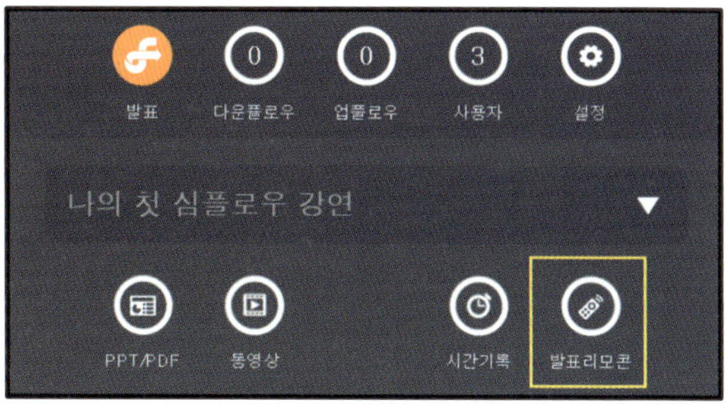

그림 5-27 발표리모콘 버튼

그림 5-28 슬라이드 및 전체 소요 시간과 현재 슬라이드에서 사용한 시간 표시

동영상 업로드를 통해 추가한 동영상으로 이동한 경우 해당 동영상이 프레젠테이션 모드에서 자동으로 재생된다(그림 5-29, 5-30).

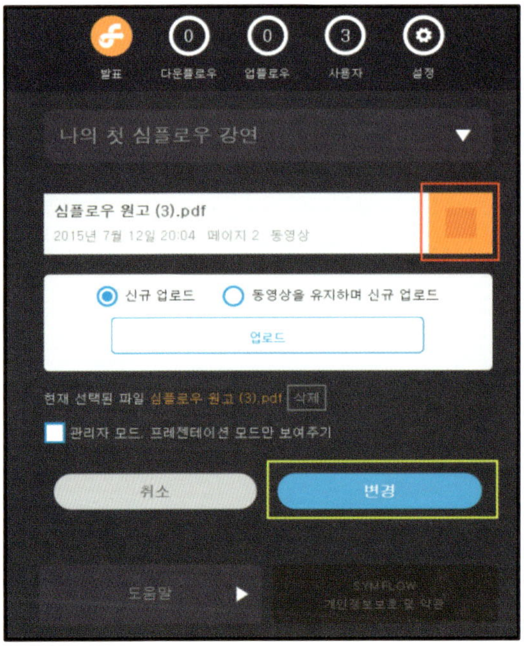

그림 5-29 변경 버튼 클릭으로 슬라이드나 동영상 출력

그림 5-30 프레젠테이션 모드의 화면에 해당 슬라이드 표시

(5) 발표 슬라이드 영역

PPT/PDF 업로드 및 동영상 업로드로 업로드 한 슬라이드(동영상)가 출력된다(그림 5-31). 이곳에 보이는 슬라이드는 학습자도 동일하게 열람할 수 있다. 관리자 모드에서 각 슬라이드를 클릭하면 프레젠테이션 모드의 화면에 해당 슬라이드가 표시된다.

그림 5-31 업로드 한 슬라이드 출력

3) 다운플로우 화면

다운플로우 화면은 문제(설문)를 출제하여 활용할 수 있는 화면이다. 관리자 모드 접속 시 기본적으로 다운플로우 화면이 표시되며, 다운플로우의 기능을 활용해 설문, 퀴즈, 투표 등 다양한 활동을 할 수 있다(그림 5-32).

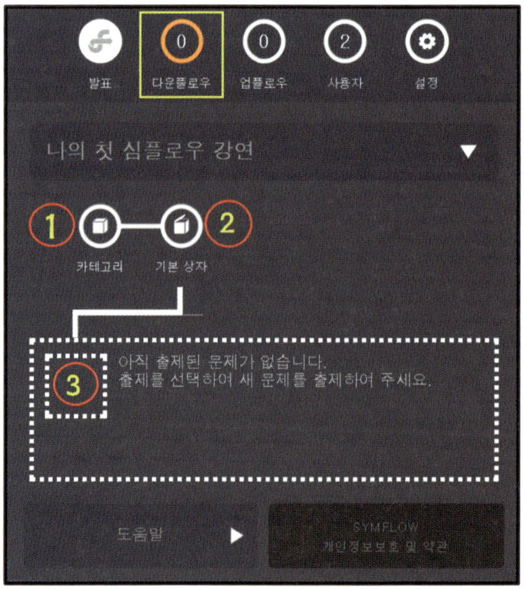

① [카테고리] 버튼

② [상자] 버튼
[카테고리] 내부에 있는 [상자]로 이동/가장 최근에 문제를 출제한 [상자]의 이름이 표시

③ 문제(설문) 영역 출제된 문제(설문)가 표시

그림 5-32 다운플로우 화면

(1) 카테고리 버튼

문제(설문)를 생성 및 출제하는 상자를 관리하는 메뉴로 이동한다(그림 5-33). 카테고리 메뉴에는 상자들의 목록이 표시되며, 새로운 상자를 등록할 수 있다. 각 상자에는 저장된 문제(설문)의 개수와 이름이 표시되고, 모든 계정에는 기본 상자가 등록되어 있으며, 기본 상자는 삭제되지 않는다.

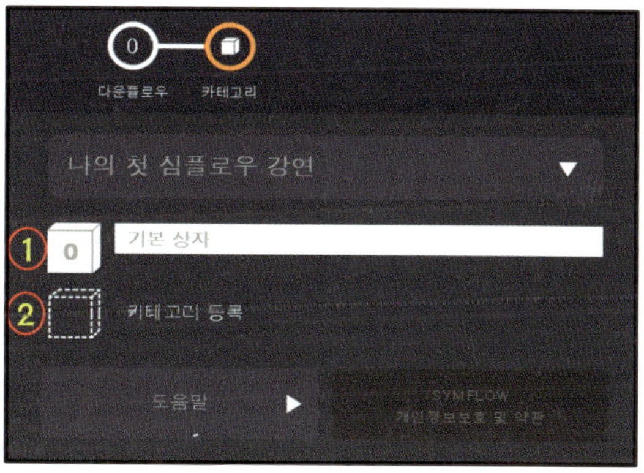

① [상자] 버튼
[상자] 메뉴로 이동
② [카테고리 등록] 버튼
새로운 [상자]를 등록

그림 5-33 카테고리 버튼

(2) 상자 메뉴

상자는 문제(설문)를 생성 및 저장하며 이곳에서 다운플로우 화면으로 문제(설문)를 출제할 수 있다(그림 5-34). 이곳에 저장된 문제(설문)는 아직 다운플로우 화면에 출제되지 않았으므로 학습자에게 보이지 않는다.

① [일괄출제] 버튼
② [카테고리 수정] 버튼
③ [순서변경] 버튼
④ [문제 추가] 버튼
⑤ [문제 출제] 버튼
⑥ [문제 관리] 버튼

그림 5-34 상자 메뉴

① 일괄출제 버튼

상자에 저장된 모든 문제(설문)를 일괄적으로 다운플로우 화면으로 출제한다(그림 5-35). 문제(설문)는 상자에 저장된 순서에 따라 다운플로우 화면에 표시된다. 일괄출제 버튼의 내부에는 상자에 저장된 문제(설문)의 개수가 표시된다.

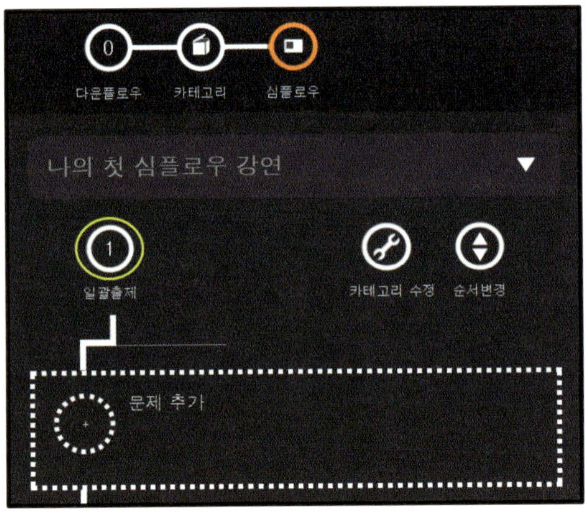

그림 5-35 일괄출제 버튼

② 카테고리 수정 버튼

상자의 이름을 변경하거나 삭제할 수 있다(그림 5-36). 상자를 삭제할 경우 저장된 문제(설문)는 기본 상자로 이동된다.

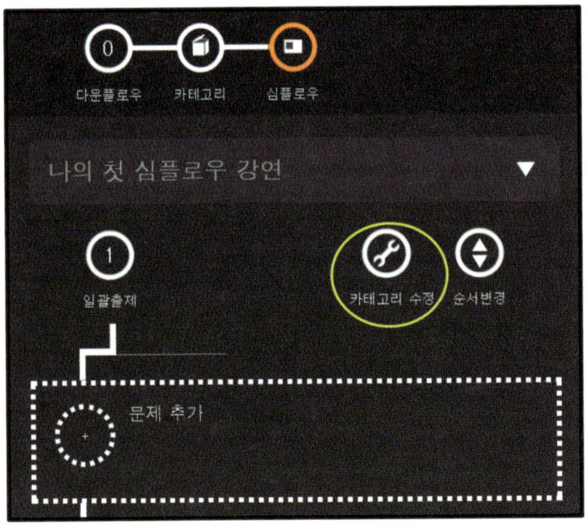

그림 5-36 카테고리 수정 버튼

③ 순서변경 버튼

상자에 저장된 문제(설문)의 순서를 변경할 수 있다(그림 5-37).

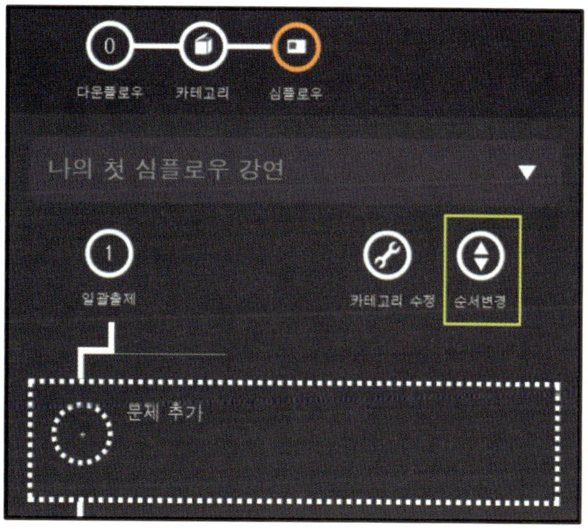

그림 5-37 순서변경 버튼

④ 문제 추가 버튼

상자에 새로운 문제(설문)를 생성한다(그림 5-38). 자세한 내용은 문제(설문) 생성 및 출제에서 다루어진다.

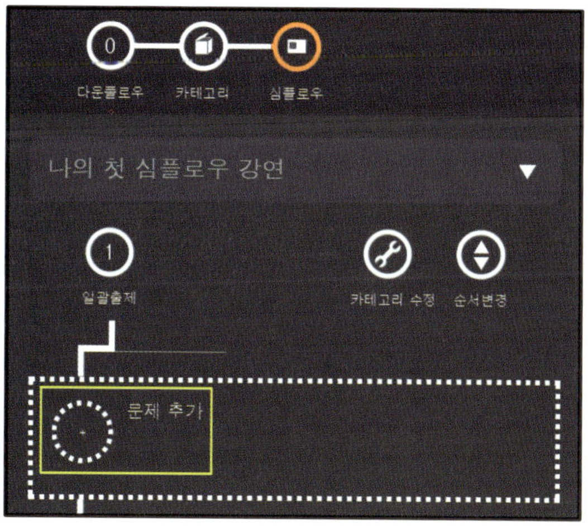

그림 5-38 문제 추가 버튼

⑤ 문제 출제 버튼

상자에 저장된 문제(설문)를 다운플로우 화면으로 출제한다(그림 5-39). 자세한 내용은 문제(설문) 생성 및 출제에서 다루어진다. 문제 출제 버튼은 상자에 저장된 문제(설문)를 관리한다. ① 삭제는 문제(설문)를 삭제한다. ② 이동은 문제(설문)를 다른 상자로 이동하는데 이동된 문제는 기존 상자에서 삭제된다. ③ 복사는 문제(설문)를 다른 상자로 복사하는데 복사된 문제는 기존 상자에도 남아 있다. ④ 수정은 문제(설문)를 수정한다.

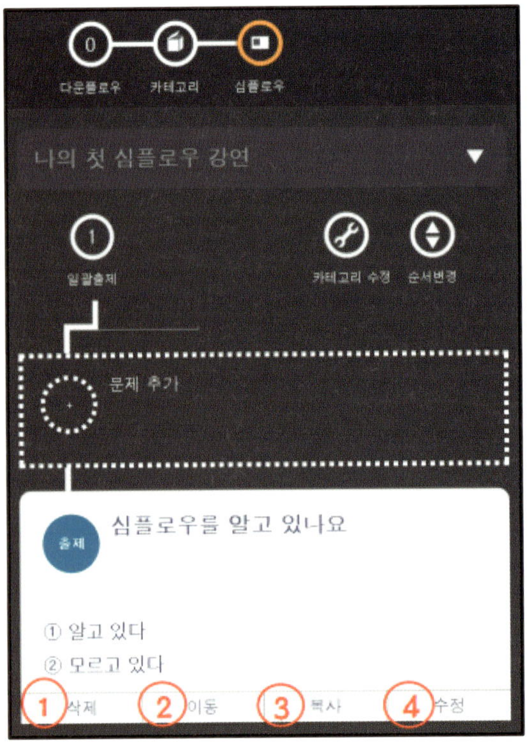

그림 5-39 문제 관리 버튼

4) 업플로우 화면

업플로우 화면은 학습자들이 등록한 질문 및 발표자 정보를 관리하는 화면이다(그림 5-40). 업플로우 버튼 내부에는 현재 등록된 질문의 개수가 표시된다. 업플로우의 기능을 활용해 질의응답, 토론 등 다양한 활동을 할 수 있다.

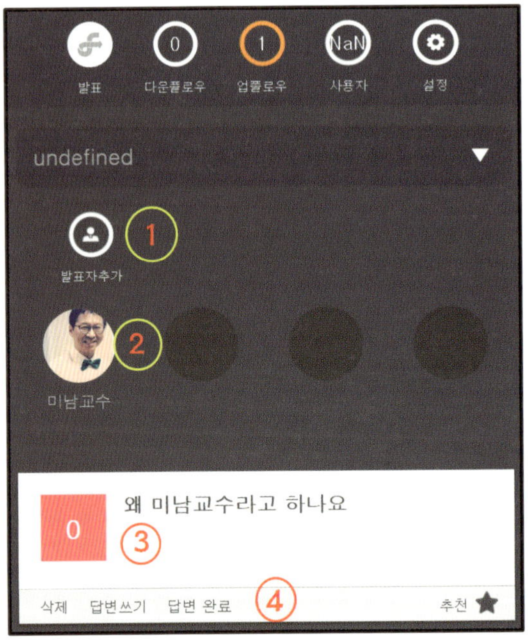

① [발표자 추가] 버튼

② [발표자 정보] 버튼
등록한 발표자의 정보를 열람하거나 수정 가능

③ 질문 목록 영역
- 학습자들이 등록한 질문이 표시
- 질문은 추천을 많이 받은 순서로 정렬

④ [질문 관리] 메뉴
[등록된 질문 관리]에서 다루어진다.

그림 5-40 업플로우 화면

(1) 발표자 추가 버튼

발표자의 사진(이미지)과 정보를 입력하여 학습자들이 열람할 수 있도록 공개한다. 등록된 발표자 버튼을 누르면 발표자의 정보를 수정하거나 삭제할 수 있다(그림 5-41). 학습자들은 청중 모드에서 발표자를 선택하여 질문을 등록할 수 있다.

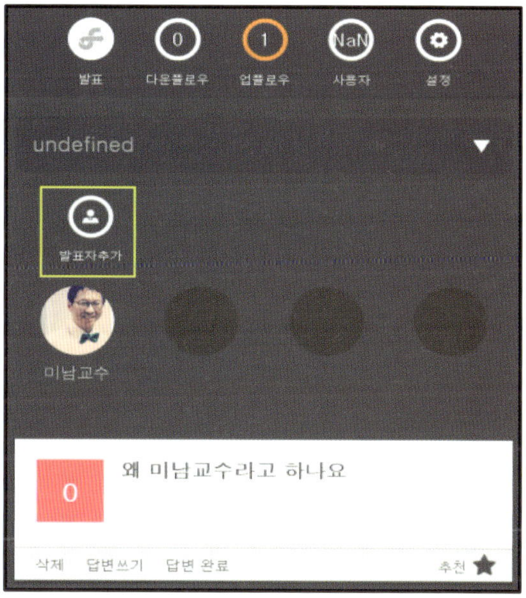

그림 5-41 발표자 추가 버튼

(2) 질문 목록 영역

학습자들이 등록한 질문이 표시되는 곳이다(그림 5-42). 새로 등록된 질문은 목록의 가장 아래 표시되며, 추천을 많이 받은 질문 순서로 정렬된다. 자신이 등록하거나 추천한 질문은 별도로 구분되어 상단에 정렬된다.

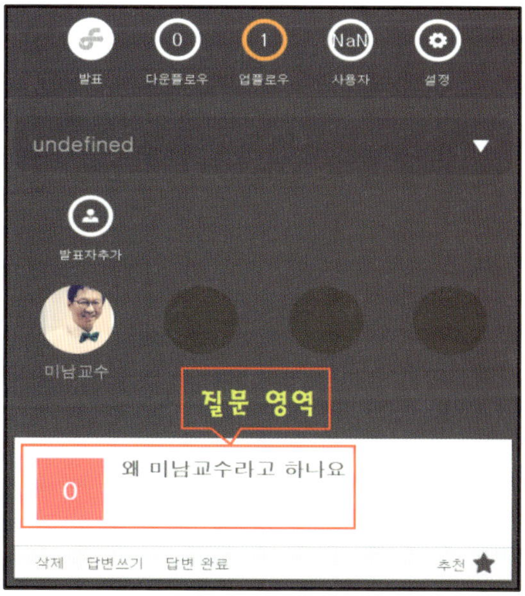

그림 5-42 질문 목록 영역

5) 사용자 메뉴

사용자 메뉴에서는 학습자에 대한 정보를 한눈에 볼 수 있으며, 청중 모드 및 프레젠테이션 모드에 대한 접속 암호를 설정하는 등 학습자에 대한 전반적인 관리를 진행할 수 있다. 사용자 버튼에는 누적 학습자 숫자가 표시된다(그림 5-43).

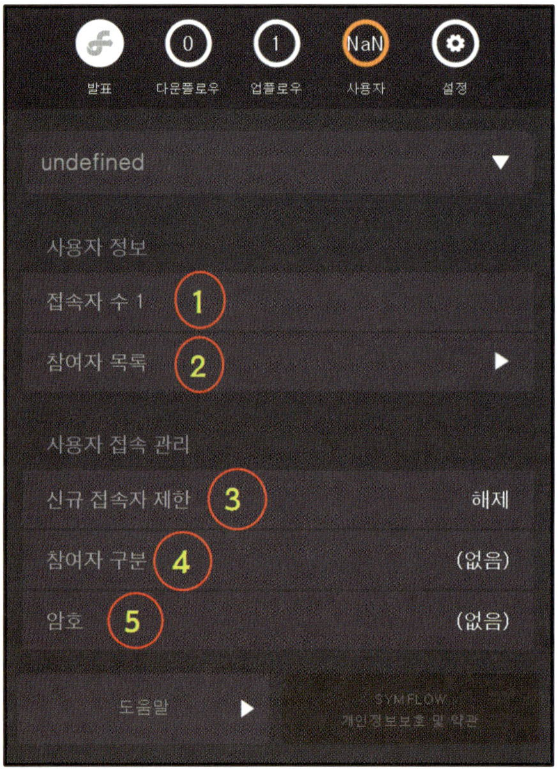

① 접속자 수
현재 계정에 접속한 학습자의 숫자가 표시

② [참여자 목록] 버튼
- 현재 접속해 있지 않더라도 현재까지 접속했던 학습자의 정보를 보여준다.
- 표시되는 정보는 접속 시간, 접속 기기이다.

③ [신규 접속자 제한] 버튼

④ [참여자 구분] 버튼

⑤ [암호] 버튼

그림 5-43 사용자 메뉴

(1) 신규 접속자 제한 버튼

한번이라도 계정에 접속한 학습자를 제외한 모든 학습자의 접근을 차단하는 기능이다(그림 5-44). 기능을 작동할 경우 신규 접속자(학습자)는 접속 제한 화면에만 접속할 수 있다. 출석체크, 인기투표 등 부정접속을 통한 조작이 우려되는 경우 사용하면 좋다.

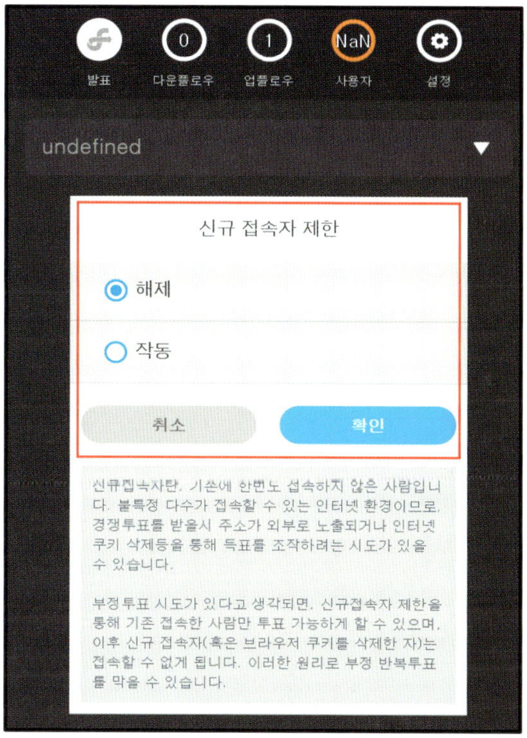

그림 5-44 신규 접속자 제한 버튼

(2) 참여자 구분 버튼

참여자 구분 기능을 활용하여 학습자에게 전화번호, 학번 등 간단한 정보를 받을 수 있다(그림 5-45). 참여자 구분 정보를 입력한 경우 다운플로우에 대한 응답과 업플로우에 등록한 질문에 학습자의 정보가 표시된다.

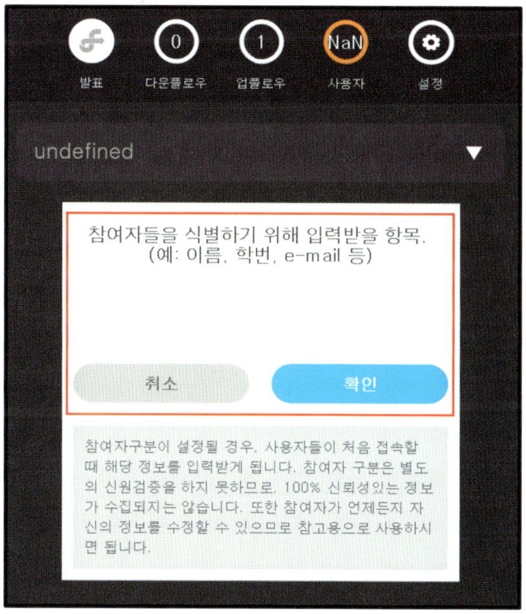

그림 5-45 참여자 구분 버튼

(3) 암호 버튼

암호를 입력한 학습자만 계정에 접근할 수 있도록 설정하고 암호는 숫자만 입력 가능하다(그림 5-46).

① 항상

모든 학습자가 접속할 때마다 암호를 입력해야 접속할 수 있다. 암호가 변경되는 즉시 접속되어 있는 모든 학습자도 암호 입력 화면으로 이동한다.

② 기존 접속자 제외

현재까지 접속한 학습자를 제외한 신규 접속자(학습자)에게 암호 입력을 요구하고 있다.

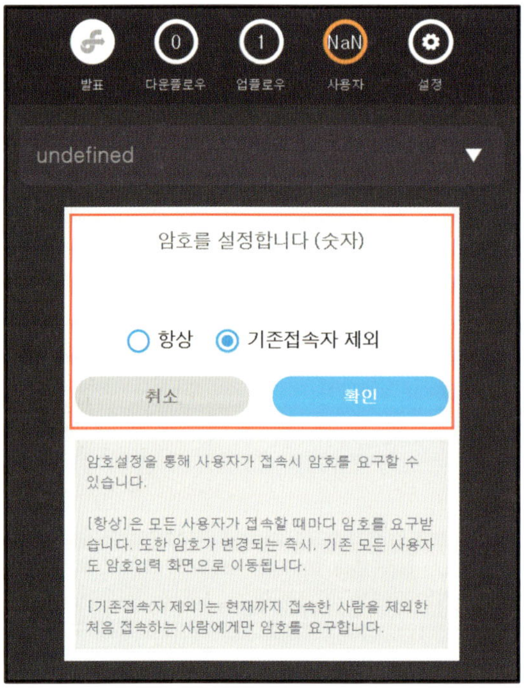

그림 5-46 암호 버튼

6) 설정 메뉴

설정 메뉴에서는 강연정보(공지사항) 수정 및 관리자 비밀번호 수정 등 계정 전반의 설정을 관리할 수 있다(그림 5-47, 5-48).

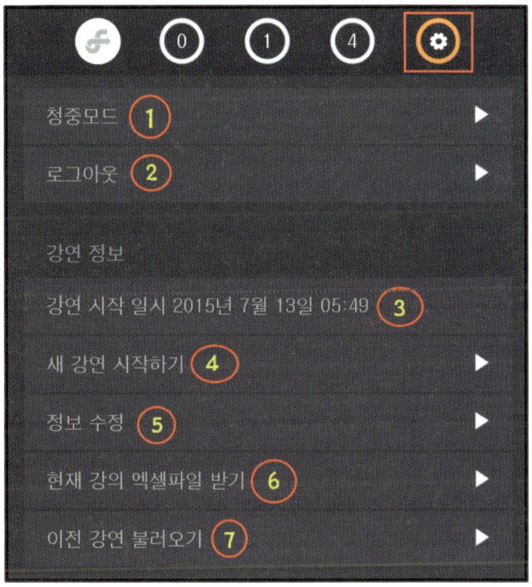

그림 5-47 설정 메뉴

① [청중 모드] 버튼
② [로그아웃] 버튼
③ 강연 시작 일시 표시
④ [새 강연 시작하기] 버튼
⑤ [정보 수정] 버튼
⑥ [현재 강의 엑셀파일 받기] 버튼
⑦ [이전 강연 불러오기] 버튼

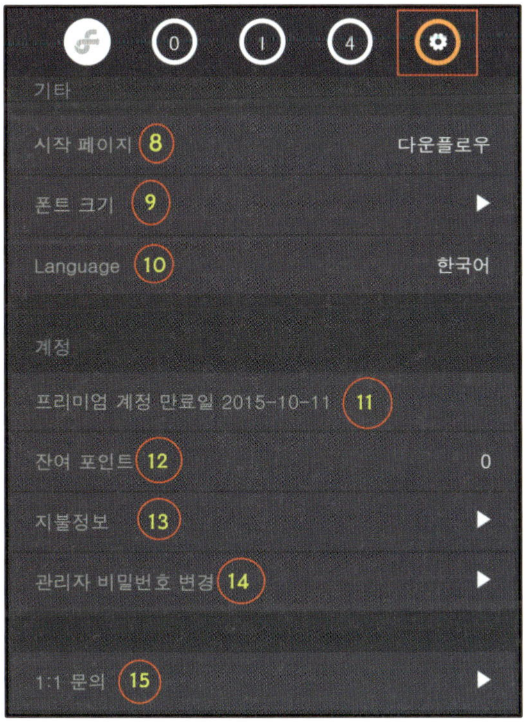

그림 5-48 설정 메뉴

⑧ [시작페이지] 버튼
⑨ [폰트 크기] 버튼
⑩ [언어 설정] 버튼
⑪ 프리미엄 계정 상태 표시
⑫ 잔여 포인트 표시
현재 동작하지 않는다.
⑬ [지불정보] 버튼
현재 동작하지 않는다.
⑭ [관리자 비밀번호 변경] 버튼
⑮ [1:1 문의] 버튼

(1) 청중 모드 버튼

계정에서 로그아웃 하지 않고 청중 모드로 접속, 우측 하단에 관리자 모드 버튼을 통해 관리자 모드로 돌아올 수 있다(그림 5-49).

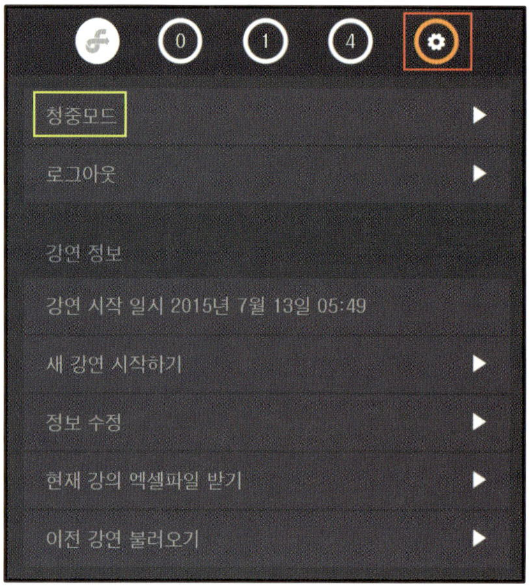

그림 5-49 청중 모드 버튼

(2) 로그아웃 버튼

계정에서 로그아웃 하여 청중 모드로 접속한다(그림 5-50).

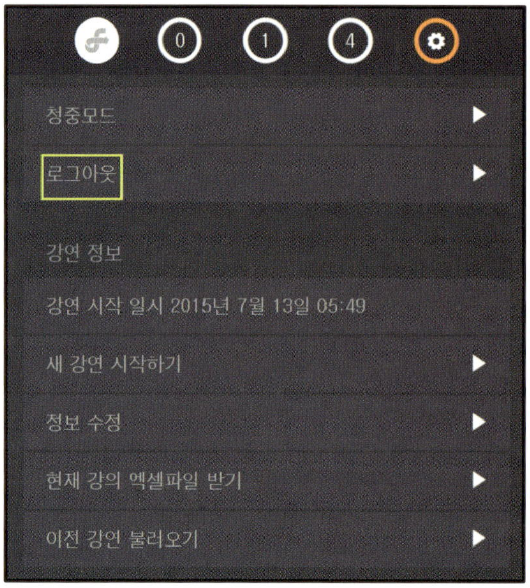

그림 5-50 로그아웃 버튼

(3) 강연 시작 일시 버튼

새 강연 시작하기 시점의 날짜와 시간을 표시하며, 이전 강연 불러오기에 저장될 때도 사용된다(그림 5-51).

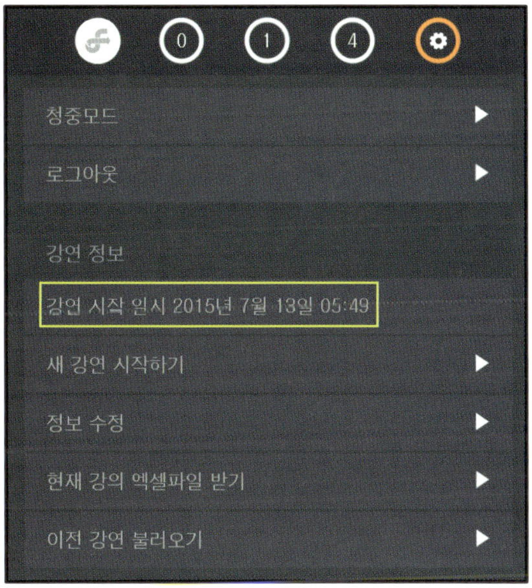

그림 5-51 강연 시작 일시 버튼

(4) 새 강연 시작하기 버튼

새로운 상연(행사)을 위해 현재 계정의 발표 화면, 다운플로우 화면, 업플로우 화면에 표시된 정보를 제거한다(그림 5-52). 제거된 내용은 삭제되지 않고, 이전 강연 불러오기에 저장된다. 다운플로우의 카테고리에 있는 내용은 제거되지 않는다.

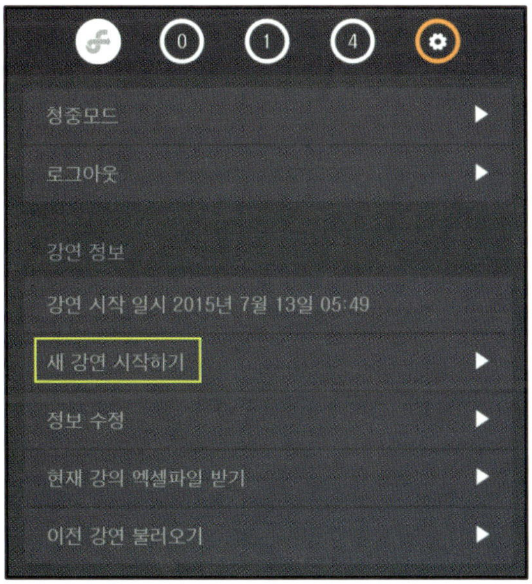

그림 5-52 새 강연 시작하기 버튼

(5) 정보 수정 버튼

강연정보(공지사항)를 수정하는 기능이다(그림 5-53). 강연정보(공지사항)의 제목, 내용, 이미지 추가를 할 수 있으며, 입력한 정보는 모든 화면에 표시된다.

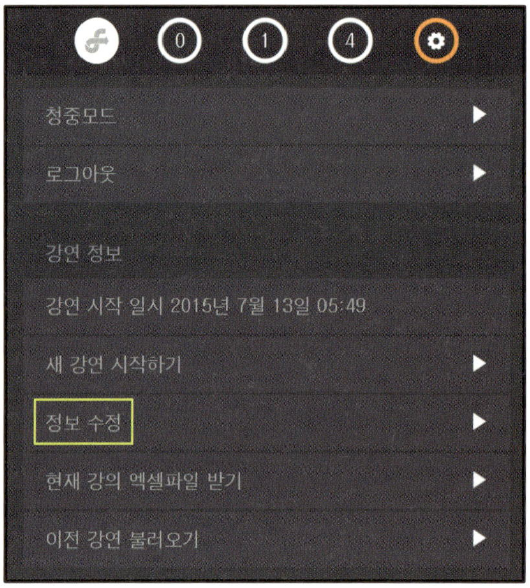

그림 5-53 정보 수정 버튼

(6) 현재 강의 엑셀 파일 받기 버튼

현재까지 계정에 등록된 정보를 엑셀 파일로 변환하여 원하는 이메일로 전송하거나 PC로 직접 다운로드받을 수 있다(그림 5-54). 새 강연 시작하기를 실행한 시점부터 현재까지의 정보만 다운로드되며, 그 이전의 정보는 이전 강연 불러오기에서 확인할 수 있다.

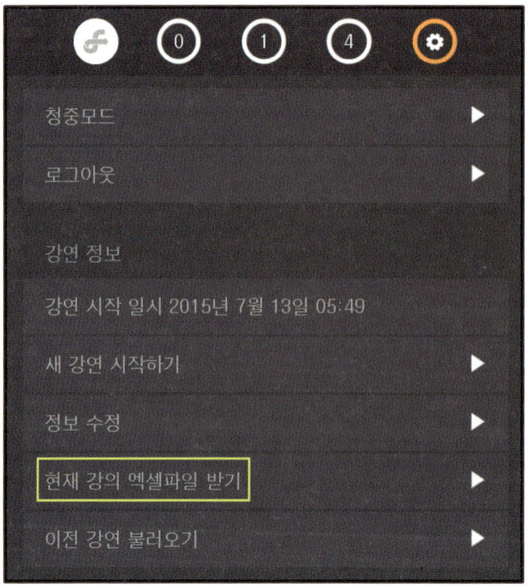

그림 5-54 현재 강의 엑셀 파일 받기 버튼

(7) 이전 강연 불러오기 버튼

이전 강연 불러오기 버튼을 클릭하면 새 강연 시작하기를 실행한 시점 이전의 정보들이 저장되는 메뉴로 이동한다(그림 5-55).

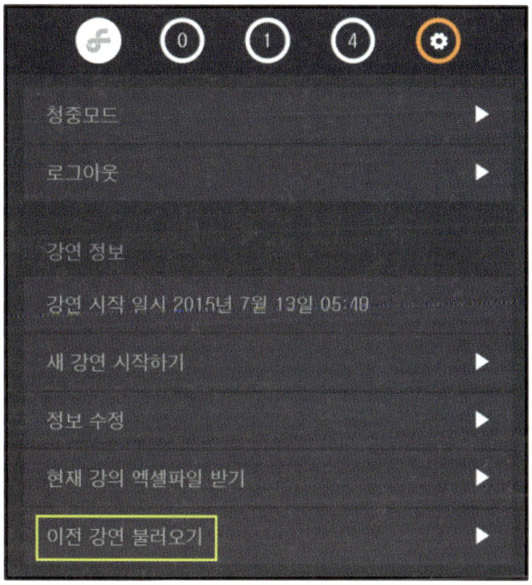

그림 5-55 이전 강연 불러오기 버튼

각 이전 강연 불러오기는 시작한 일자, 강연정보 제목, 저장 현황으로 구성되며, 년, 월별로 구분된다(그림 5-56).

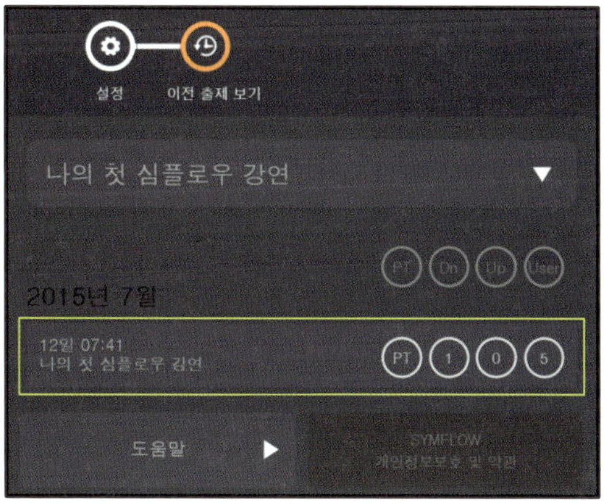

[저장 현황]
PT) 슬라이드 업로드 여부
Dn) 다운플로우 개수
Up) 업플로우 개수
User) 누적 접속자 수

그림 5-56 시작한 일자, 강연정보 제목, 저장 현황으로 구성

[이전 강연 불러오기 클릭 시 저장된 시점의 화면을 확인할 수 있으며, 해당 화면은 관리자 모드에서만 확인할 수 있다(그림 5-57). 붉은색 메뉴의 X 버튼을 누르거나 재접속(새로고침)을 실행하면 이전 강연 상태에서 현재 진행 중인 상태로 돌아올 수 있다. 이전 강연 상태의 설정 메뉴로 이동하여 현재 강의 엑셀 파일 받기 버튼을 클릭하면 이전 강연 상태의 엑셀 파일을 다운로드받을 수 있다. 그리고 강연 삭제 버튼으로 이전 강연 목록에서 현재 이전 강연 정보를 삭제할 수 있다.

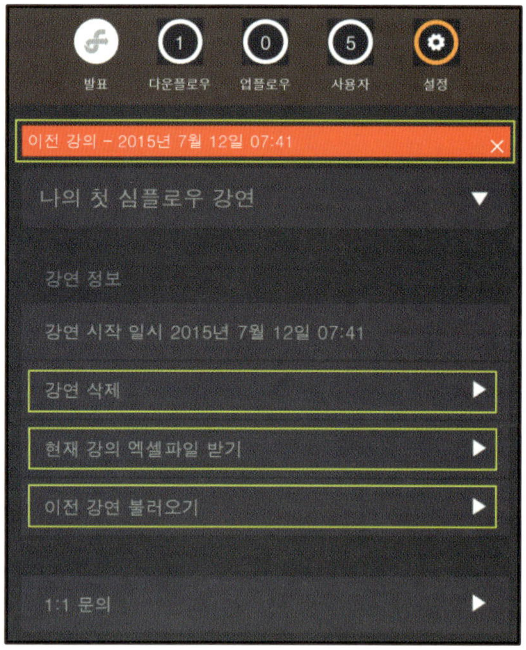

그림 5-57 현재 강의 엑셀 파일 받기

(8) 시작 페이지 버튼

학습자가 청중 모드에 접속 시 처음 표시되는 화면을 설정한다(그림 5-58, 5-59). Q&A 위주의 강연에서는 업플로우 화면을 시작 페이지로 설정하는 등 강연(행사)에 중점이 되는 화면으로 설정하면 편리하다.

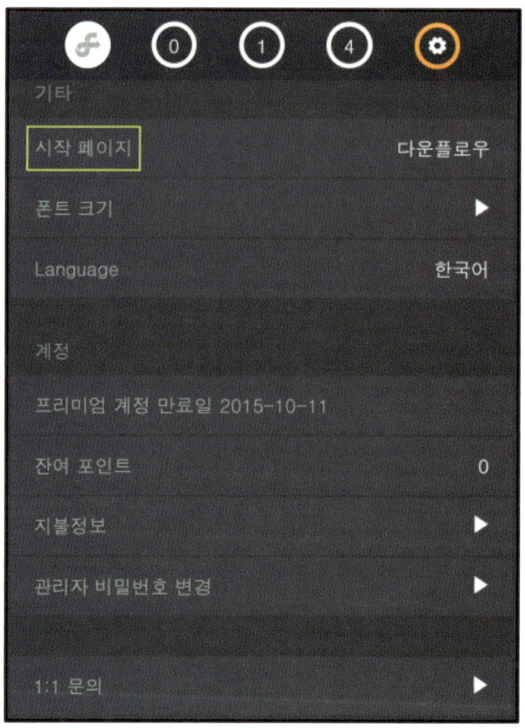

그림 5-58 시작 페이지 버튼

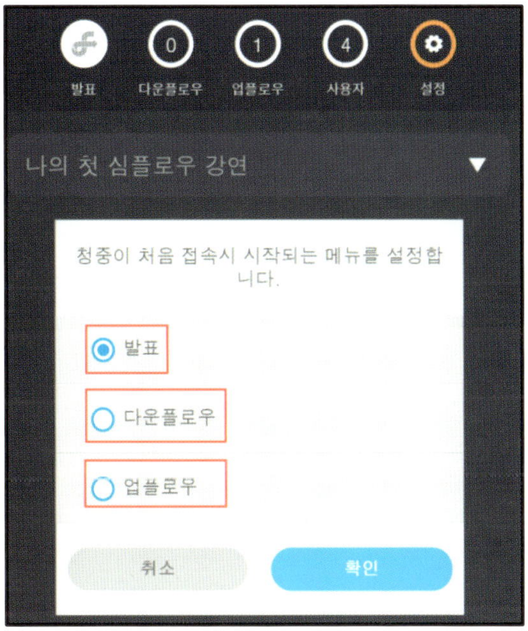

그림 5-59 시작되는 메뉴 설정

(9) 폰트 크기 버튼

각 화면에 출력되는 글자의 폰트 크기를 조절한다(그림 5-60).

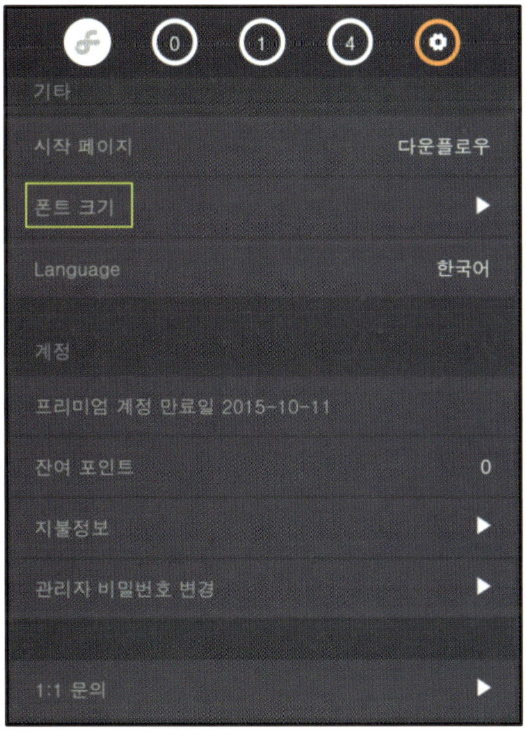

그림 5-60 폰트 크기 변경 버튼

기본화면은 청중 모드 및 관리자 모드의 화면 폰트 크기를 조정하며, PT 화면은 프레젠테이션 모드의 화면 폰트 크기를 조절한다(그림 5-61).

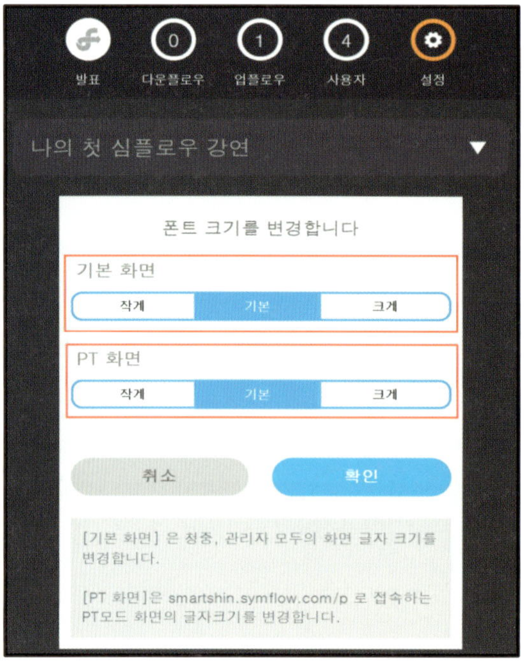

그림 5-61 관리자 모드의 화면 폰트 크기 조정

(10) 언어 설정 버튼

계정의 메뉴 UI 언어를 설정한다(그림 5-62).

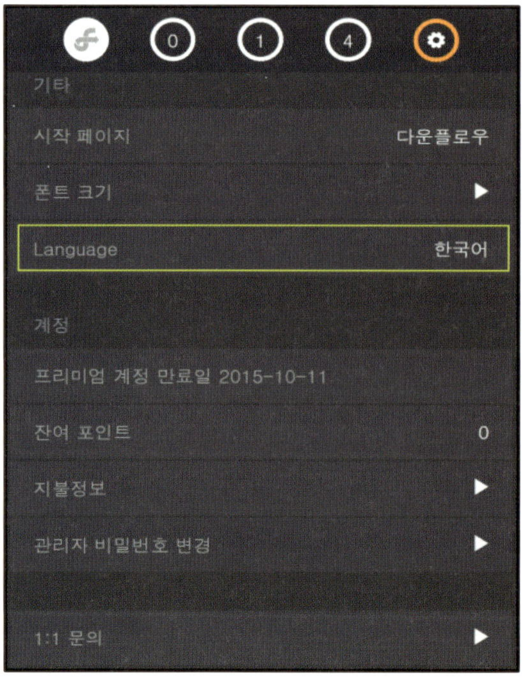

그림 5-62 언어 설정 버튼

한국어, 영어, 일본어로 변경할 수 있으나 문제, 질문 등이 자동 번역되지 않는다(그림 5-63).

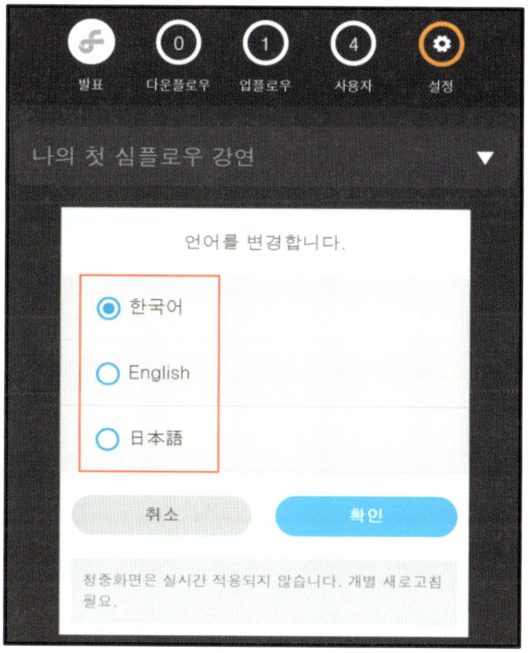

그림 5-63 원하는 언어 설정

(11) 프리미엄 계정 상태 표시

계정이 사용 만료일이 표시되며, 만료일이 경과하면 관리자 모드만 접근 가능하다(그림 5-64).

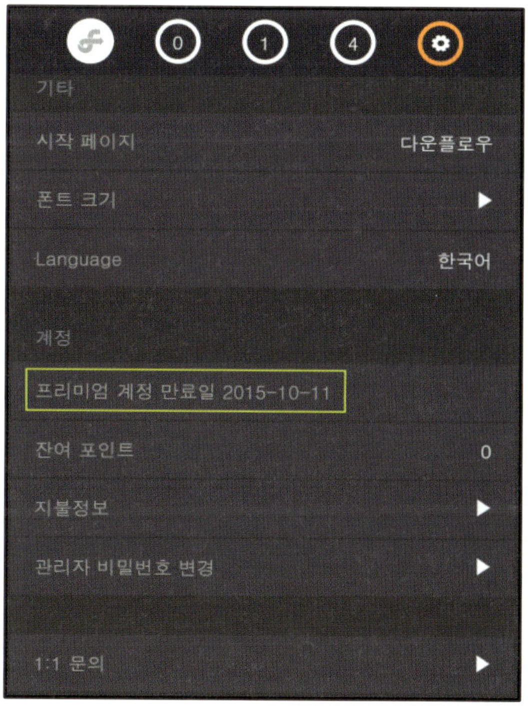

그림 5-64 프리미엄 계정 상태 표시

(12) 관리자 비밀번호 변경 버튼

계정의 관리자 모드 접속 비밀번호를 변경한다(그림 5-65).

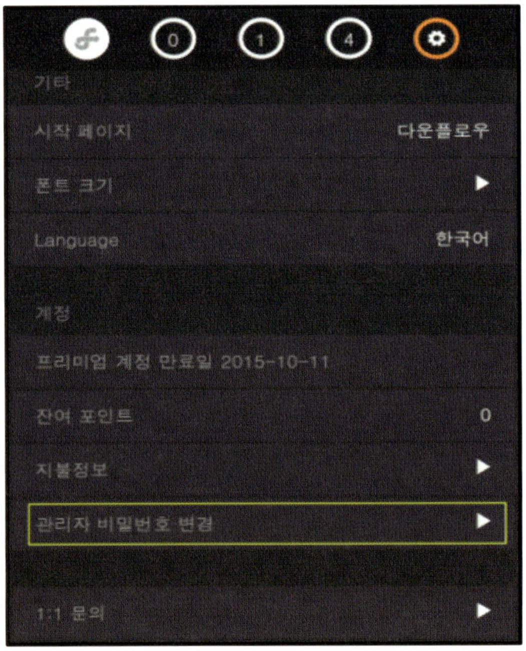

그림 5-65 관리자 비밀번호 변경 버튼

해당 비밀번호를 통해서만 관리자 모드로 접속이 가능하므로 신중히 관리해 주어야 한다(그림 5-66).

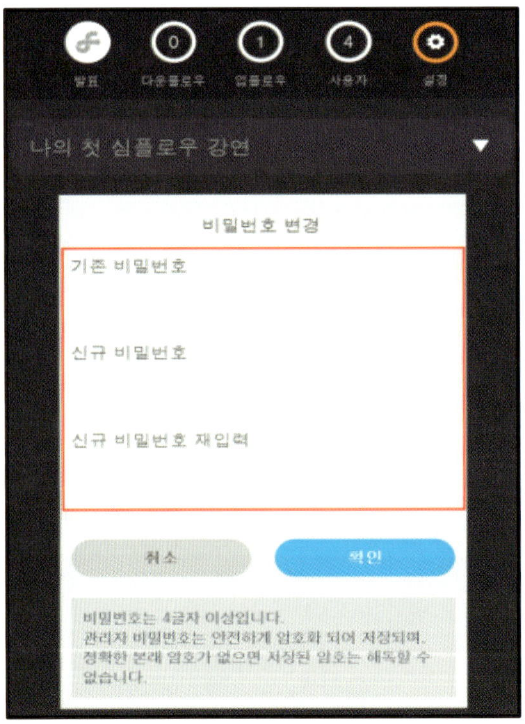

그림 5-66 새로운 비밀번호 변경

(13) 1:1 문의 버튼

심플로우에 관한 전반적인 문의(전화번호 또는 이메일)로 도움을 받을 수 있다(그림 5-67).

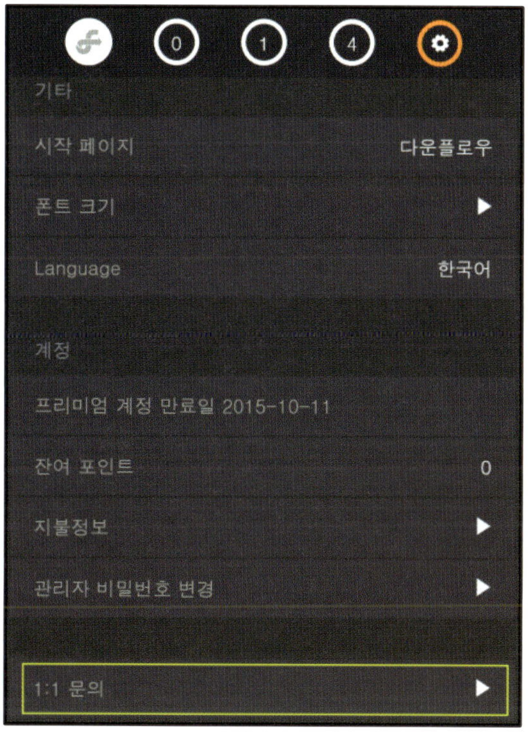

그림 5-67 1:1 문의 버튼

5. 청중 모드

1) 기본 화면

학습자는 청중 모드를 통해 문제(설문)에 응답하고, 질문을 남길 수 있으며, 청중 모드는 ●●●.symflow.com 형태의 계정 주소로 접속할 수 있다(그림 5-68). 상단 메뉴 바는 주요 메뉴로 이동하는 버튼이 위치되며, 현재 위치한 메뉴는 강조 색으로 표시된다.

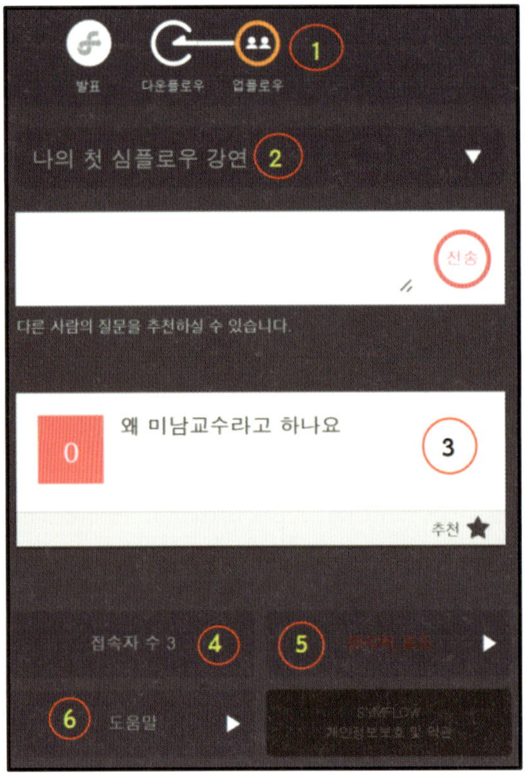

① 상단 메뉴바
주요 메뉴로 이동하는 버튼이 위치되며, 현재 위치한 메뉴는 강조 색으로 표시
② 강연정보(공지사항)가 표시
③ 내용 영역으로 화면마다 다른 내용이 출력
④ 현재 계정에 접속한 학습자 수가 표시
⑤ 각 화면별 도움말이 출력
⑥ 심플로우 홈페이지로 이동

그림 5-68 청중 모드의 기본 화면

2) 발표 화면

발표 화면에는 발표에 사용할 슬라이드가 업로드되어 공유되므로 Paperless 구현에 효과적이다(그림 5-69). 발표 슬라이드 영역의 청중 모드에서는 별도의 발표자료 업로드는 불가능하지만, 업로드된 슬라이드의 열람 및 저장(JPG 형식)이 가능하다. 해당 내용을 안내하면 강연 도중 슬라이드 촬영소음 등을 사전에 예방할 수 있다.

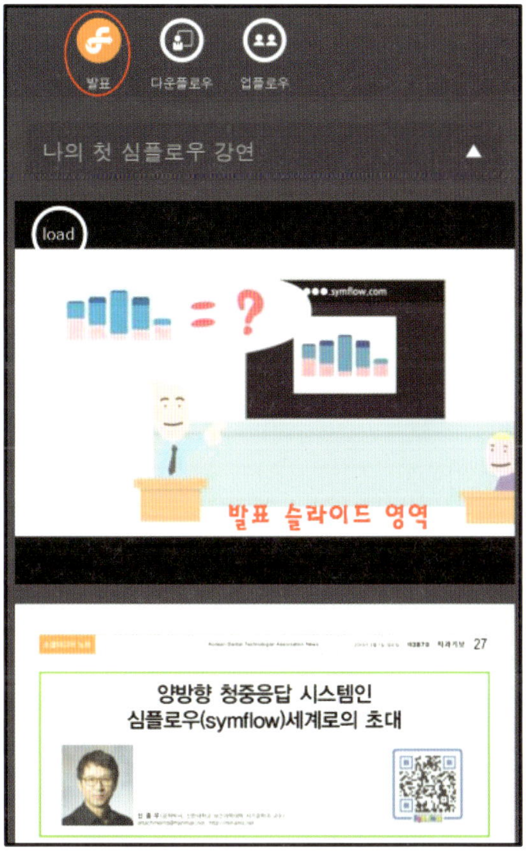

그림 5-69 발표 화면

3) 다운플로우 화면

다운플로우 화면은 학습자가 관리자 모드에서 출제한 문제(설문)에 응답할 수 있는 화면이다(그림 5-70). 문제(설문) 영역은 출제된 문제(설문)가 표시되는 영역이다. 학습자는 출제된 문제의 O 버튼을 클릭하여 문제(설문)에 응답할 수 있다. 기타응답 및 주관식의 경우 내용을 입력한 뒤 전송 버튼을 누르면 응답이 전송된다.

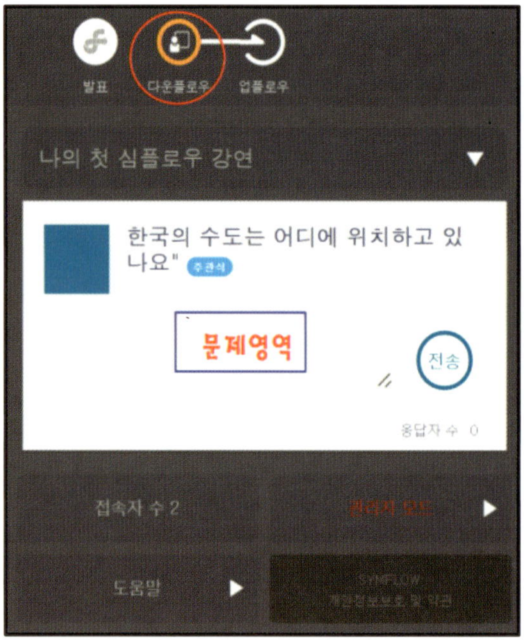

그림 5-70 다운플로우 화면

4) 업플로우 화면

업플로우 화면은 학습자들이 발표자에게 질문을 등록하고 발표자 정보를 열람하는 화면이다(그림 5-71). 질문 등록 메뉴는 내용을 입력한 뒤 전송 버튼을 누르면 질문이 등록되고, 비속어에 대한 차단이 이루어질 경우 해당 단어가 _ _ 형태로 표시된다. 질문 추천 수 표시는 등록된 질문이 얻은 추천 수가 표시된다.

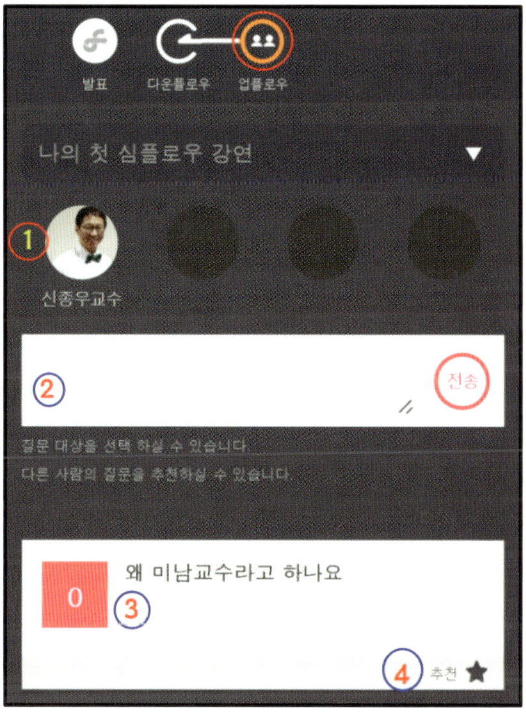

① 발표자 목록
② [질문 등록] 메뉴
③ [질문 추천 수] 표시
④ [추천] 버튼

그림 5-71 업플로우 화면

(1) 발표자 목록

관리자 모드에서 등록한 발표자의 정보를 열람할 수 있다(그림 5-72). 발표자를 1회 클릭 시 발표자 주변에 붉은 원이 표시되고, 붉은 원이 표시된 상태로 질문을 등록하면 해당 발표자에게 질문하였다는 표시가 첨부되어 등록된다. 발표자를 2회 클릭 시 발표자의 세부 정보를 열람할 수 있다.

SYMFLOW

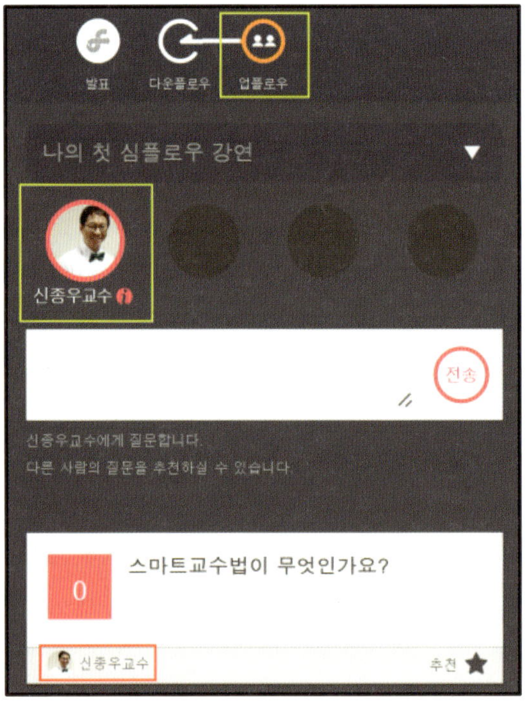

그림 5-72 발표자 목록

(2) 추천 버튼

등록된 질문을 추천하는데 추천은 한 질문당 1회만 가능하며 2회 클릭 시 추천이 취소된다(그림 5-73). 등록된 질문은 추천 수가 높은 순서로 정렬되므로 많은 추천을 받은 질문 순으로 응답하면 다수의 궁금증을 해결할 수 있다. 자신이 등록한 질문과 자신이 추천한 질문은 화면 상단에 별도로 정렬되어 차후 문자 답변 등을 쉽게 확인할 수 있다.

그림 5-73 추천 버튼

6. 프레젠테이션 모드

1) 기본 화면

사용자가 프레젠테이션 모드를 프로젝터 등을 이용해 메인 화면으로 사용할 경우 심플로우로 발표를 진행할 수 있다(그림 5-74). 프레젠테이션 모드는 ●●●.symflow.com 형태의 계정 뒷부분에 /p 삽입 후 접속할 수 있다(●●●.symflow.com/p). 접속 주소 안내는 화면 상단에 지속적으로 계정 접속 주소를 표시하여 학습자의 접속을 유도한다. 원격 화면 전환은 관리자 모드를 통해 프레젠테이션 모드의 화면을 조작할 수 있다.

① 접속 주소 안내
② 강연정보(공지사항) 표시
③ 자동으로 계정 접속 주소 QR 코드 표시
④ 원격 화면 전환

그림 5-74 프레젠테이션 모드의 기본 화면

2) 원격 화면 전환

관리자 모드에서 다음 영역을 클릭하면 프레젠테이션 모드의 화면을 원격으로 이동시킬 수 있다(그림 5-75). 발표리모콘 기능 및 일반 프레젠터를 사용하여 슬라이드를 전환할 수 있다.

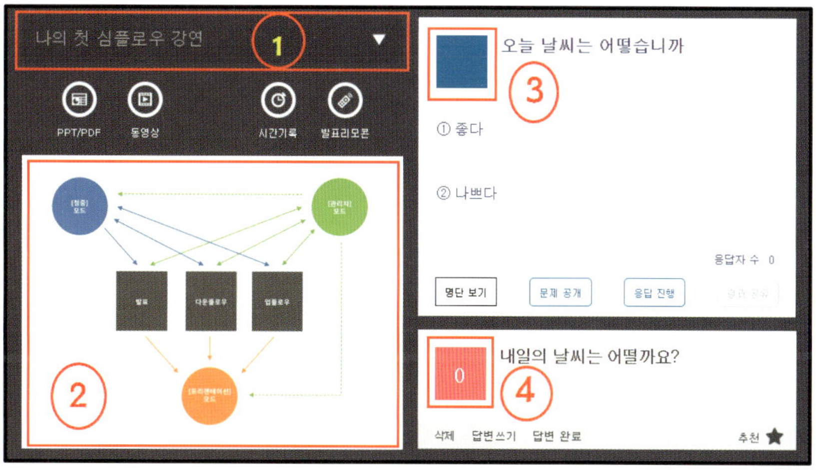

그림 5-75 원격 화면 전환

7. 문제(설문) 생성 및 출제

사용자가 관리자 모드에서 다운플로우 화면에 문제를 출제하기 위해서는 문제(설문)을 생성하여 카테고리에 저장해야 한다(그림 5-76). 생성할 수 있는 문제(설문)의 유형은 객관식, 주관식, 메시지 형태이며, 주요 기능에서는 각 유형별 상세 항목을 설명하고 있다. 상자 버튼 클릭 후 문제 추가 버튼을 클릭하여 문제 작성 메뉴로 진입한다.

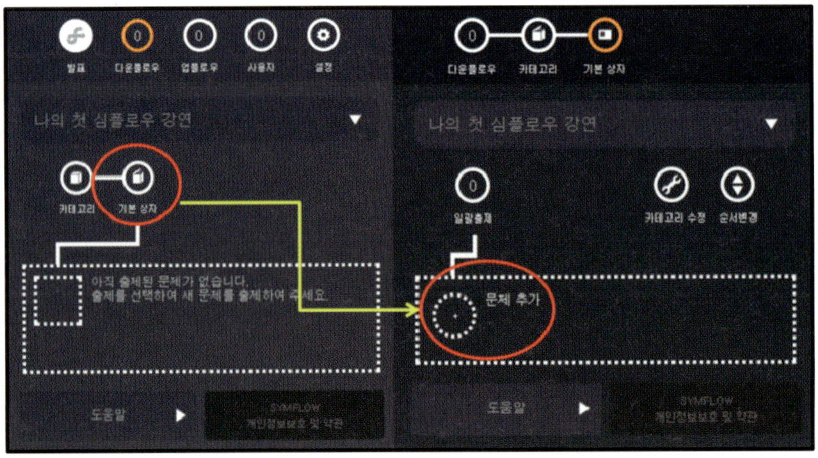

그림 5-76 다운플로우 화면에서 문제(설문) 생성

1) 객관식

다음의 객관식 문제 생성 기능을 살펴보면, ① 문제 유형 변경 버튼은 각 버튼 클릭 시 객관식, 주관식, 메시지 유형으로 전환된다. ② 답변항목 목록은 답변항목을 입력하는데 최소 2개 이상의 항목을 입력해야 한다. ③ 답변항목 제거 버튼은 답변항목을 제거하는데 답변 항목이 3개 이상일 경우 표시된다. ④ 답변항목 추가 버튼은 버튼을 누를 때마다 1개의 답변항목이 추가된다(그림 5-77). 단, 빈 항목이 있을 경우에는 저장되지 않는다.

① [문제 유형 변경] 버튼
② 문제 제목 입력
③ [답변항목] 목록
④ [답변항목 제거] 버튼
⑤ [답변항목 추가] 버튼
⑥ 추가 옵션 메뉴

그림 5-77 객관식 문제(설문) 생성

(1) 추가 옵션 메뉴

문제(설문)에 정답 지정이나 이미지를 추가하는 부가적인 옵션을 부여한다(그림 5-78).

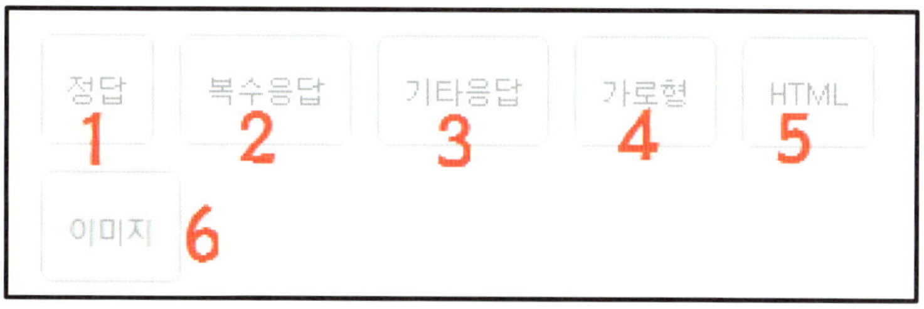

그림 5-78 객관식 추가 옵션 메뉴

① 정답

정답 옵션을 지정하면 답변항목 우측에 체크박스가 생성된다(그림 5-79). 체크박스를 클릭하면 해당 답변항목이 정답으로 지정되며, 정답에 응답한 학습자에게 설정된 점수를 부여한다. 정답을 맞힌 학습자는 자신의 청중 모드 화면 하단에 맞힌 점수가 합산되어 표시되며, 사용자는 관리자 모드의 사용자 메뉴에서 학습자들이 획득한 점수의 분포도를 확인할 수 있다.

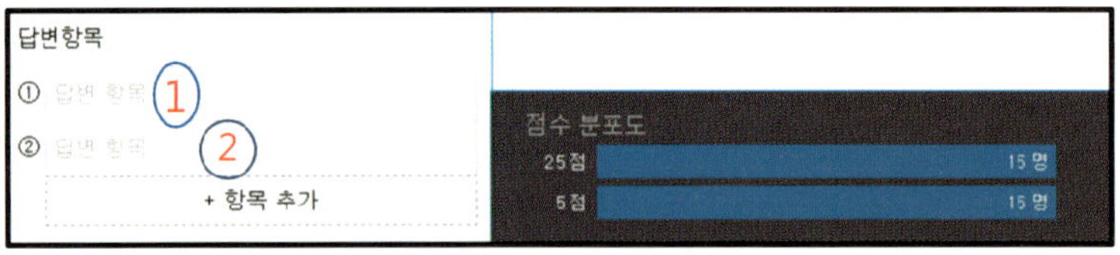

그림 5-79 정답 옵션을 지정하면 답변항목 우측에 체크박스 생성

② 복수응답

복수응답 옵션을 지정하면 이용자가 설정한 개수의 답변항목에 응답할 수 있다. 최소 설정 숫자는 2개이며, 답변항목의 개수만큼 설정할 수 있다(그림 5-80).

그림 5-80 복수 응답

③ 기타응답

기타응답 옵션을 지정하면 답변항목 하단에 기타응답 항목이 추가된다. 학습자들은 기타응답에 텍스트를 입력하여 응답할 수 있지만 정답으로 지정할 수 없다(그림 5-81).

그림 5-81 기타응답

④ 가로형

만족도 조사 등 짧은 답변항목이 반복되는 경우 가로형 옵션을 지정하면 효과적이다(그림 5-82). 가로형 옵션의 답변항목은 최대 개수가 5개이며, 기타응답 옵션을 지정할 수 없다.

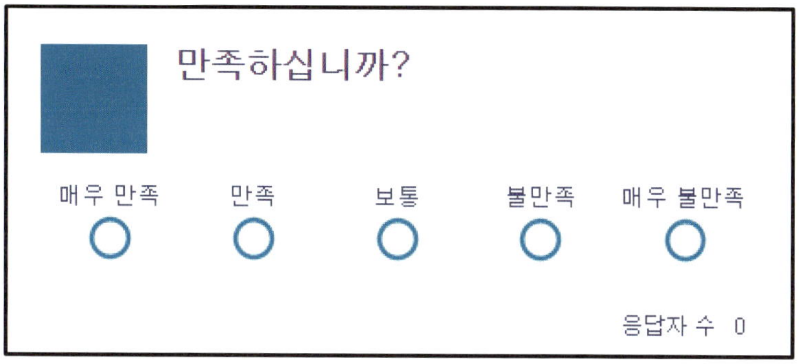

그림 5-82 가로형

⑤ HTML

문제(설문)의 상단에 움직이는 이미지를 삽입하거나 다양한 효과를 주기 위해 HTML을 활용할 수 있는 옵션이다(그림 5-83). 단, 경우에 따라 화면에 이상이 발생할 수 있으므로 HTML에 대한 이해가 충분할 경우에만 사용할 것을 권장한다.

그림 5-83 HTML

⑥ 이미지

이미지 옵션을 사용해 문제(설문)에 이미지를 추가할 수 있다(그림 5-84). 이미지는 JPG 파일 형식으로 추가되며, 움직이는 이미지나 투명한 배경은 적용되지 않는다. 복수의 이미지 등록이 가능하지만 지나치게 많은 이미지가 포함될 경우 문제(설문) 응답에 어려움이 생길 수 있으므로 주의가 필요하다. 문제(설문) 출제 전 추가한 이미지를 클릭하면 제거된다.

그림 5-84 이미지

2) 주관식

문제 유형 변경 버튼은 각 버튼 클릭 시 객관식, 주관식, 메시지 유형으로 전환된다(그림 5-85). 추가 옵션 메뉴 HTML과 이미지 옵션은 객관식과 동일하다.

① [문제 유형 변경] 버튼
② 문제의제목 입력
③ 추가 옵션 메뉴

그림 5-85 주관식 문제 유형 변경

(1) 정답

주관식 정답의 경우 다양한 입력에 대비해 여러 개의 단어를 정답으로 등록할 수 있다(그림 5-86). 각 단어를 쉼표(,)로 구분할 수 있다(노란색, 누런색, 노랑, yellow 등).

그림 5-86 정답 추가 옵션 메뉴

(2) 메시지

메시지 유형은 파란색 박스가 표시되지 않으며, 응답할 수 없는 단순한 메시지 박스를 출제한다. 문제와 문제 간의 단락 구분이나 쉬는 시간 알림 등 다양하게 활용할 수 있다(그림 5-87).

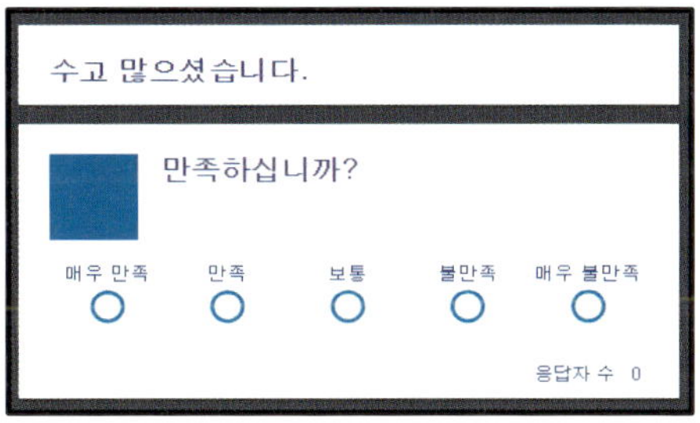

그림 5-87 메시지

8. 문제(설문) 출제

저장된 문제(설문)의 출제 버튼 클릭 후 출제 메뉴의 출제 버튼을 클릭하여 문제(설문)를 다운플로우 화면에 출제할 수 있다(그림 5-88). 출제 전 옵션 지정을 통해 다양한 효과를 얻을 수 있다.

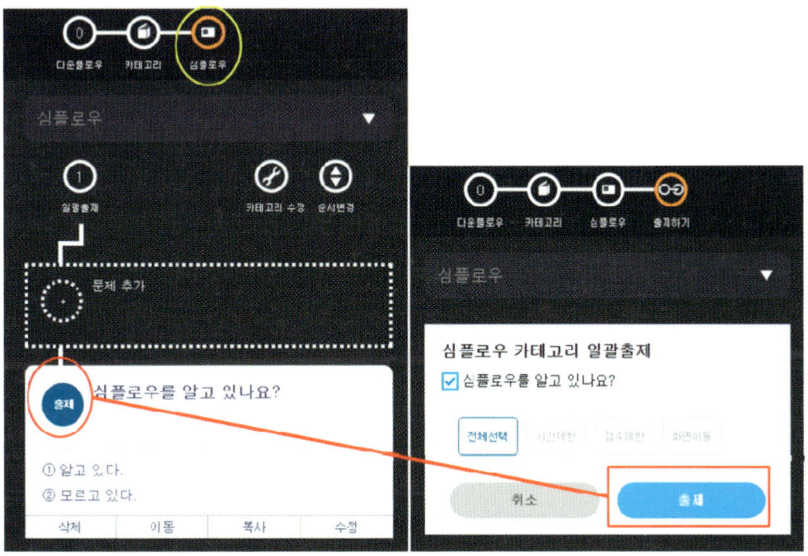

그림 5-88 문제(설문) 출제

1) 추가 옵션 메뉴

추가 옵션 메뉴에는 전체선택, 시간제한, 점수제한, 화면이동이 있다(그림 5-89).

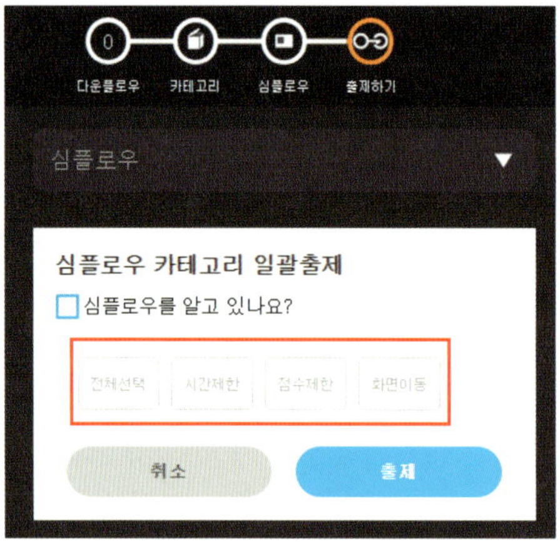

그림 5-89 추가 옵션 메뉴

(1) 시간제한

학습자가 문제(설문)에 응답할 수 있는 시간을 설정한다(그림 5-90). 문제 출제 직후 설정한 시간이 경과하면 해당 문제(설문)에 더 이상 응답할 수 없다. 시간은 분 단위로 설정 가능하며, 응답 시간 등을 고려하여 5분 이상의 시간을 설정할 것을 권장한다. 기기에 따라 초 단위의 오차는 발생할 수 있다.

그림 5-90 시간제한

(2) 점수제한

점수제한 옵션을 지정한 경우 설정한 점수보다 높은 점수를 얻은 학습자만 문제(설문)를 볼 수 있다(그림 5-91).

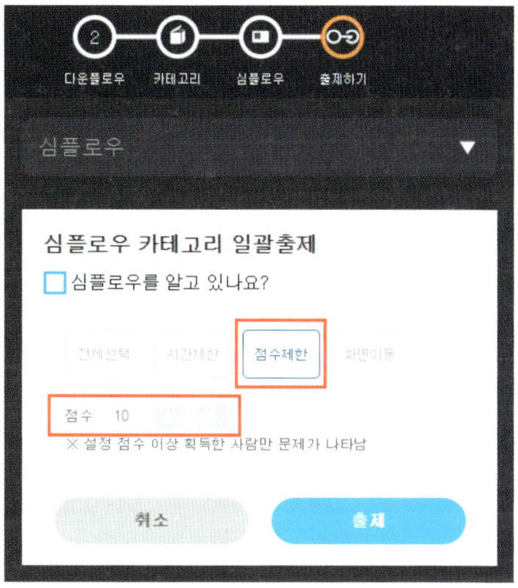

그림 5-91 점수제한

(3) 화면이동

화면이동 옵션을 지정한 경우 문제 출제 후 상자 메뉴가 아닌 다운플로우 화면으로 이동한다(그림 5-92). 문제 출제 직후 문제(설문)를 관리할 필요가 있는 경우 유용하다. 한번 화면이동 옵션을 지정하면 지속적으로 옵션이 적용되며, 옵션 지정을 원하지 않는 경우 다시 클릭하여 옵션 지정을 해제할 수 있다.

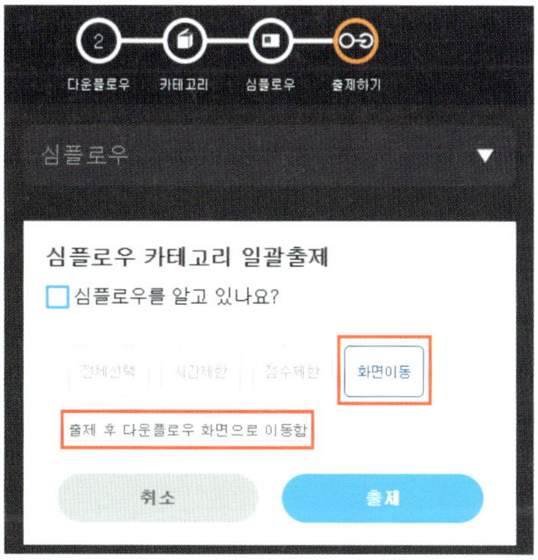

그림 5-92 화면이동

9. 출제된 문제(설문) 관리 메뉴

1) 설문 관리 메뉴

관리자 모드의 다운플로우 화면에 출제된 문제의 하단에는 문제를 관리할 수 있는 문제 관리 메뉴가 표시된다(그림 5-93). 문제 관리 메뉴를 이용하여 청중 모드 및 프레젠테이션 모드에 출력되는 화면을 조작할 수 있다.

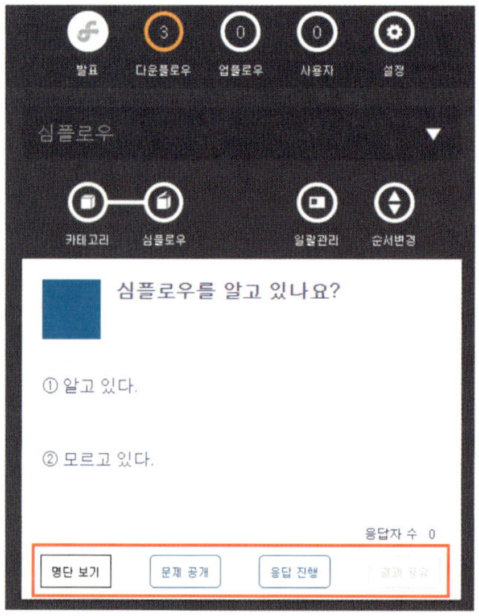

그림 5-93 설문 관리 메뉴

(1) 명단 보기

참여자 구분 정보를 설정한 경우 명단 보기에서 각 항목에 응답한 학습자의 목록을 확인할 수 있다(그림 5-94).

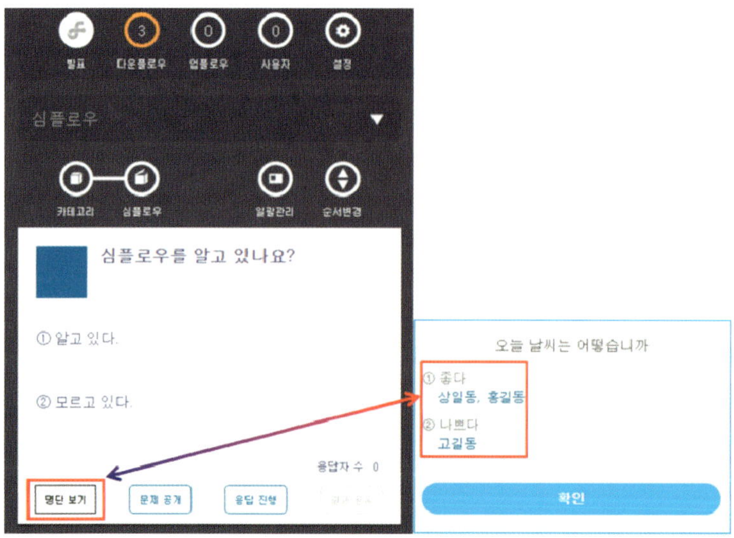

그림 5-94 명단 보기

(2) 문제 공개

문제 공개를 해제하면 해당 문제(설문)가 관리자 모드에서만 볼 수 있게 문제 비공개 상태로 변경된다(그림 5-95). 학습자들의 화면에서는 문제(설문)가 사라지며, 다시 공개 시 새 문제가 출제된 것 같이 보인다. 문제 비공개 상태에서 해당 문제(설문)를 삭제하는 것이 가능하다. 우측 상단의 삭제 버튼으로 삭제할 수 있으며, 이 경우 문제(설문)가 영구적으로 삭제되므로 주의하여 사용하는 것이 바람직하다.

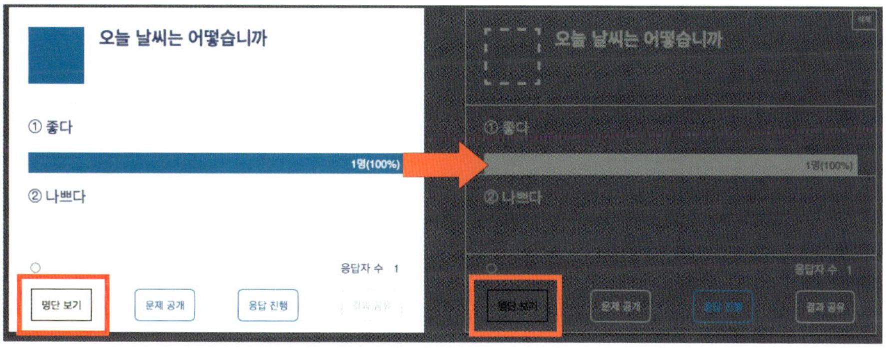

그림 5-95 문제 공개

(3) 응답 진행

학습자들이 문제(설문)에 더 이상 응답하지 못하도록 응답을 마감한다(그림 5-96). 응답 진행을 클릭하여 진행과 마감을 변경할 수 있다. 응답이 진행될 경우 파란 박스가, 응답이 마감된 경우 자물쇠가 들어간 회색 박스가 표시된다.

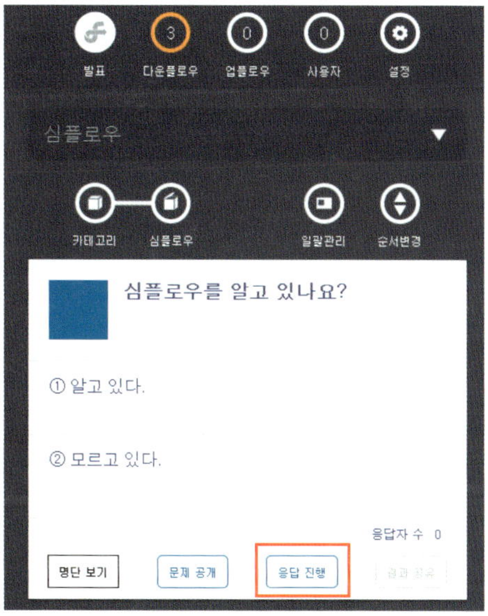

그림 5-96 응답 진행

(4) 결과 공유

결과 공유 옵션을 지정하면 학습자들의 응답 결과를 공개할 수 있다(그림 5-97). 관리자 모드에서는 결과 공유를 하지 않아도 응답 결과가 보이지만 청중 모드에서는 결과 공유 전에는 응답 결과를 확인할 수 없다.

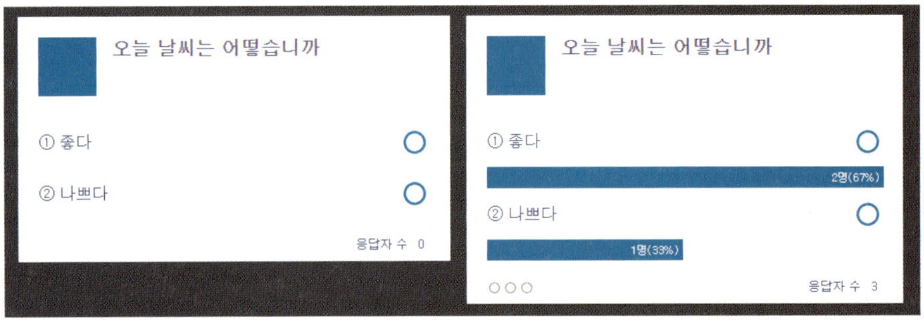

그림 5-97 결과 공유

10. 일괄 관리

관리자 모드의 다운플로우 화면에 2개 이상 출제될 경우 일괄관리 메뉴가 표시된다(그림 5-98). 일괄관리 버튼을 누르면 현재 각 문제 관리 옵션이 적용된 문제(설문)의 개수가 표시되며, 일괄 문제 관리 버튼을 눌러 현재 다운플로우 화면에 있는 모든 문제(설문)의 문제 관리 옵션을 동시에 변경할 수 있다. 이전에 출제한 문제(설문)를 잠시 모두 숨겨두고 새 문제(설문)를 출제하거나, 여러 개의 문제(설문)의 응답을 동시에 마감할 때 유용하다.

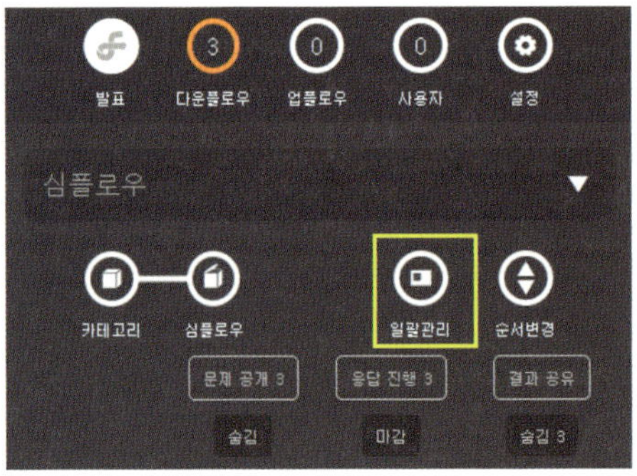

그림 5-98 일괄 관리

11. 등록된 질문 관리

1) 질문 관리 메뉴

관리자 모드의 업플로우 화면에 등록된 모든 질문에는 질문 관리 메뉴가 표시된다(그림 5-99).

그림 5-99 질문 관리 메뉴

(1) 삭제

해당 질문을 삭제할 경우 이용한다(그림 5-100). 성격에 맞지 않거나 질문이 아닌 경우 등 원활한 진행을 위해 불가피하게 질문을 삭제할 경우 사용한다. 단, 질문이 삭제되는 경우 질문을 등록한 학습자는 더 이상 질문을 남기지 않을 가능성이 높으므로 신중히 사용하는 것이 좋다.

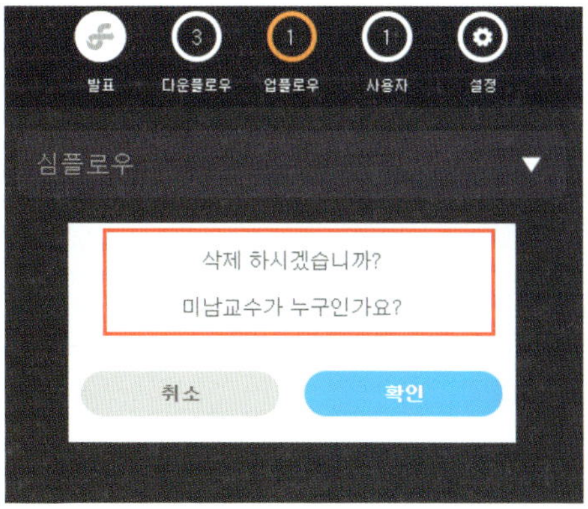

그림 5-100 삭제

(2) 답변 쓰기와 답변 완료

구두로 답변을 하지 못한 경우 및 빠른 답변을 위해 직접 답변을 텍스트로 작성할 수 있다. 구두 답변이나 답변 쓰기를 통해 답변한 경우 답변 완료 기능을 통해 질문을 목록의 하단으로 이동시킬 수 있다. 답변 완료된 질문은 추천할 수 없으며, 답변 완료한 순서대로 정렬된다(그림 5-101).

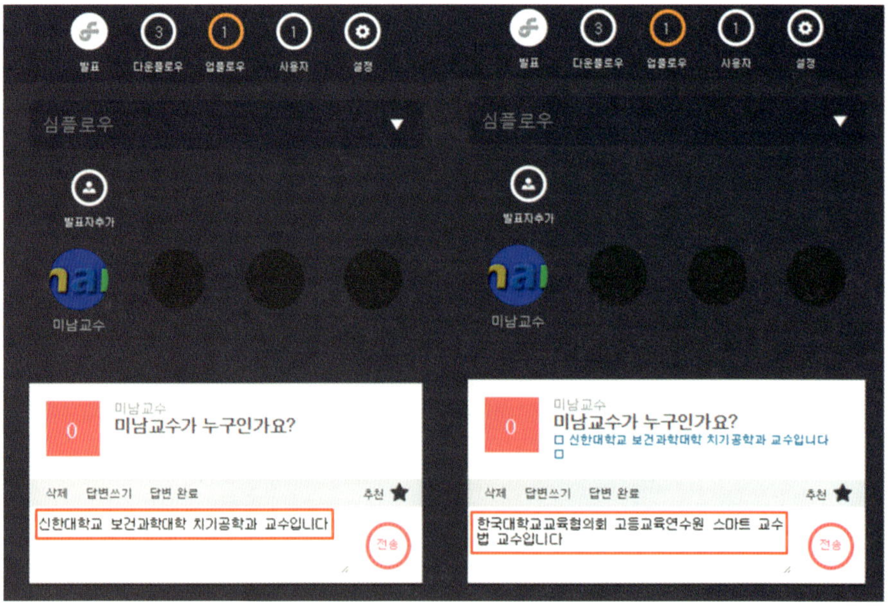

그림 5-101 답변 쓰기와 답변 완료

(3) 일괄 완료

관리자 모드의 업플로우 화면에 질문이 2개 이상 등록된 경우 일괄 완료 버튼이 표시된다(그림 5-102). 일괄 완료 버튼을 클릭하면 현재 업플로우 화면에 등록된 모든 질문이 답변완료 처리된다. 다음 발표자를 위해 질문을 새로 받을 때 유용하다.

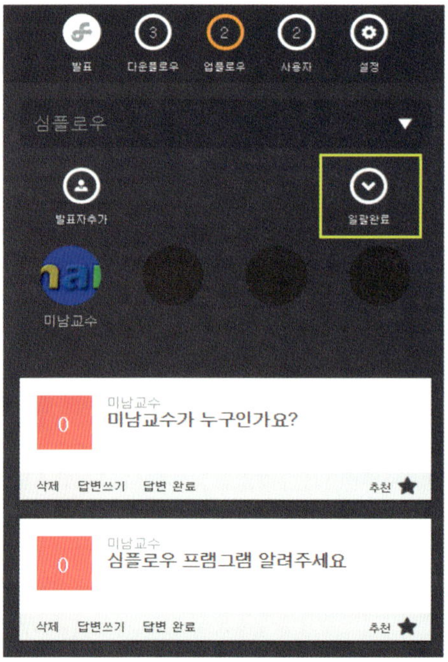

그림 5-102 일괄 완료

12. 회원가입

심플로우는 홈페이지(http://symflow.com)나 회원가입 페이지(https://signup.symflow.com)에서 누구나 회원으로 가입할 수 있다. 화면 오른쪽 상단의 가입하기나 하단 중앙의 지금 가입하기를 클릭한다(그림 5-103, 5-104). 회원가입(아이디, 비밀번호, 이메일, 휴대폰 번호, 인증번호 발송) 후 나만의 심플로우를 바로 실행할 수 있다.

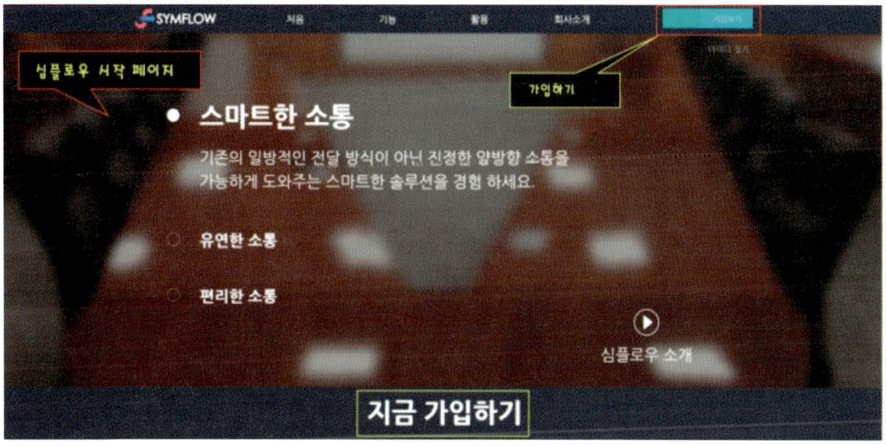

그림 5-103 심플로우 홈페이지

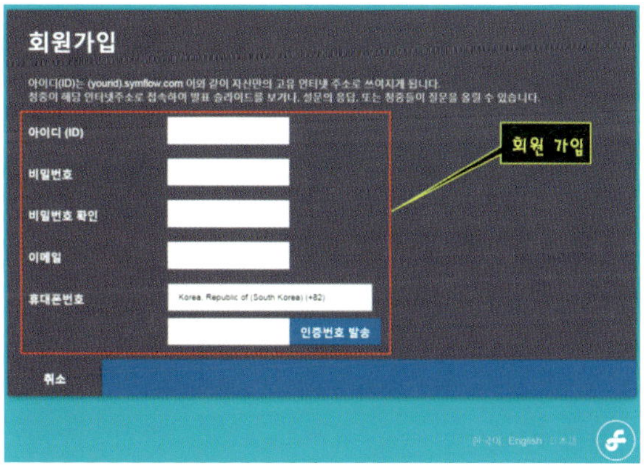

그림 5-104 회원가입 화면

1) 아이디 입력

아이디(ID)는 심플로우 계정에 이용되는 아이디를 입력하는데 영문과 숫자만 가능하고, 최소 4글자 이상 입력해야 한다(그림 5-105, 5-106). 아이디는 (yourid).symflow.com과 같이 자신만의 고유 인터넷 주소로 쓰이게 되며, 청중이 해당 인터넷 주소로 접속하여 발표 슬라이드를 보거나 설문의 응답이나 청중들이 질문을 올릴 수 있다.

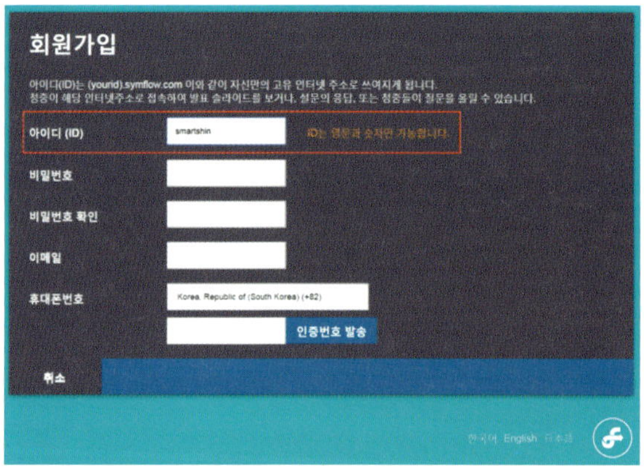

그림 5-105 아이디 입력

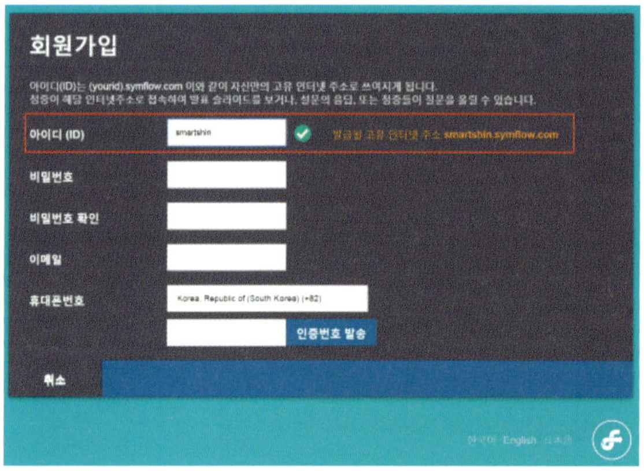

그림 5-106 입력한 아이디로 발급될 고유 인터넷 주소

2) 비밀번호

관리자 접속용 비밀번호는 특수문자를 제외하고 4글자 이상으로 입력해야 한다(그림 5-107).

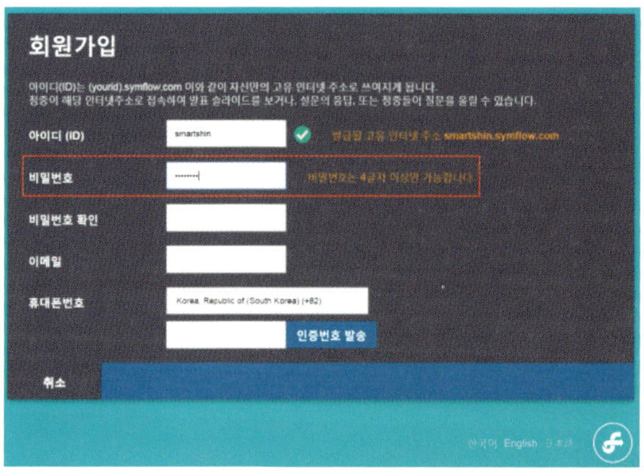

그림 5-107 비밀번호 입력(4글자 이상 가능)

3) 비밀번호 재확인

입력한 비밀번호를 다시 한번 입력하여 확인한다(그림 5-108).

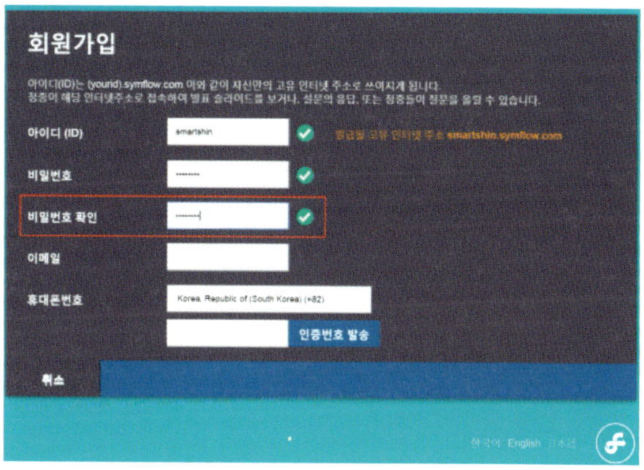

그림 5-108 비밀번호 확인

4) 이메일

심플로우 안내 및 엑셀데이터 다운로드를 위한 이메일 주소를 입력한다(그림 5-109).

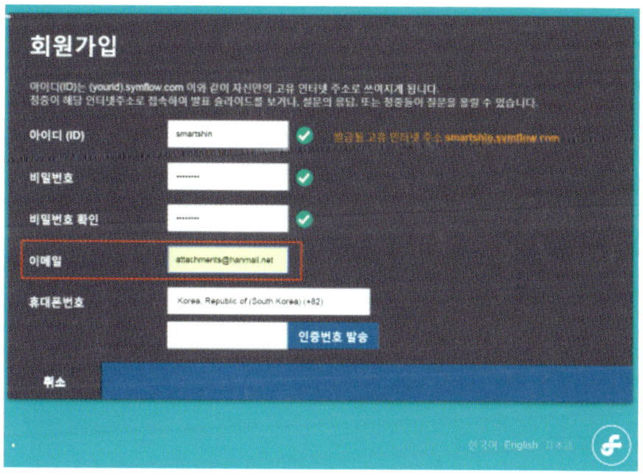

그림 5-109 이메일 입력

5) 휴대폰 번호

국가 선택 후 휴대폰 번호를 입력한 뒤 인증번호 발송을 하면 지정한 휴대폰으로 인증번호가 전송된다(그림 5-110). 휴대폰 번호는 가입 인증을 위해 사용되며, 별도 저장되지 않는다. 단, 1개의 휴대폰 번호당 하나의 심플로우 계정만 생성이 가능하다.

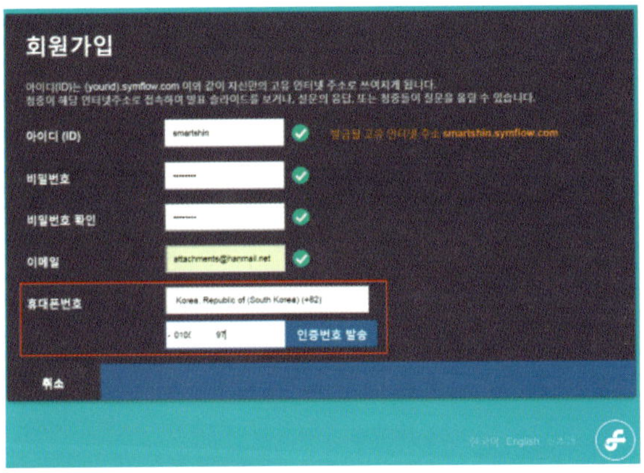

그림 5-110 휴대폰 번호 입력 후 인증번호 발송 클릭

6) 인증번호

전송받은 인증번호를 입력한 뒤 확인을 누르면 버튼이 나타난다. 이때 클릭해 주면 회원가입이 간단하게 완료된다(그림 5-111, 5-112).

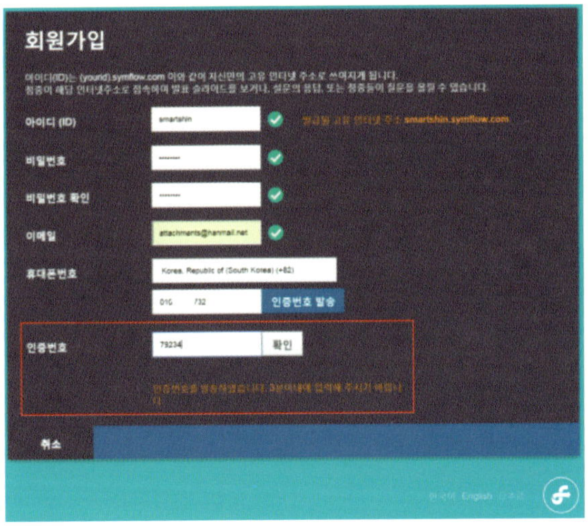

그림 5-111 휴대폰 인증번호 입력

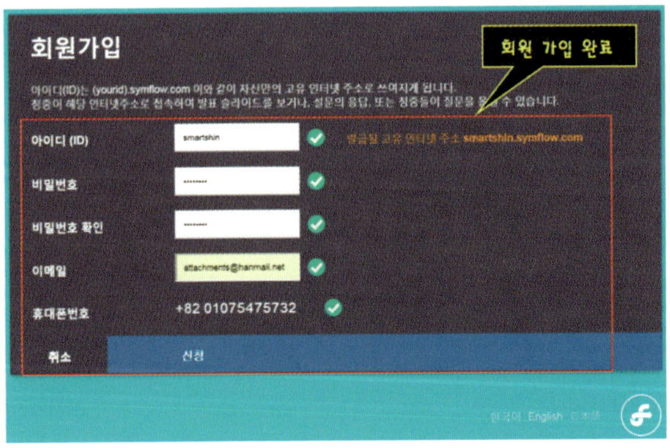

그림 5-112 회원가입 완료

모든 항목을 정상적으로 입력한 뒤 신청버튼을 누르면 가입이 완료된다(그림 5-113).

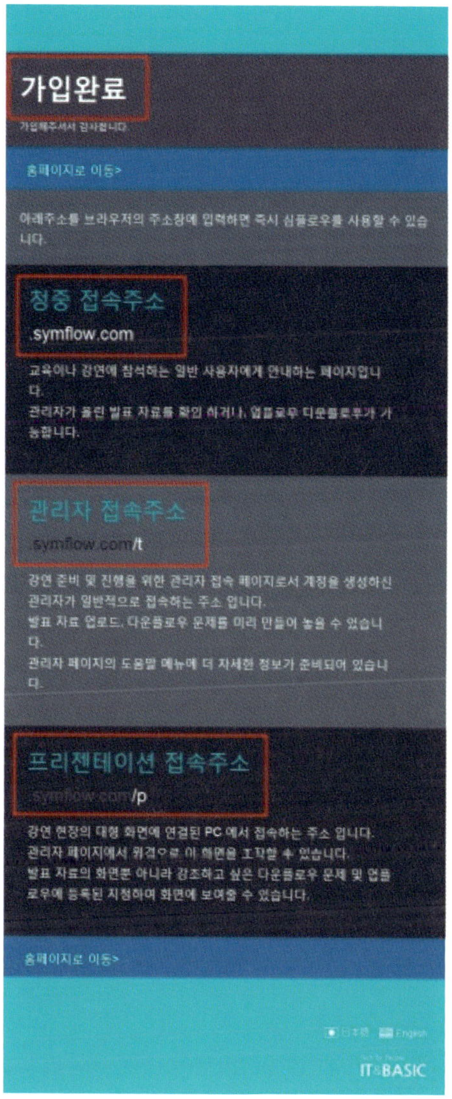

그림 5-113 가입 완료 후 실행 창

7) 아이디/비밀번호 찾기

아이디와 비밀번호는 심플로우를 실행하기 위해서는 절대적으로 필요하기 때문에 잊어버리지 않도록 한다. 만약 분실되었을 경우 아이디/비밀번호 찾기를 클릭하여 찾을 수 있다(그림 5-114).

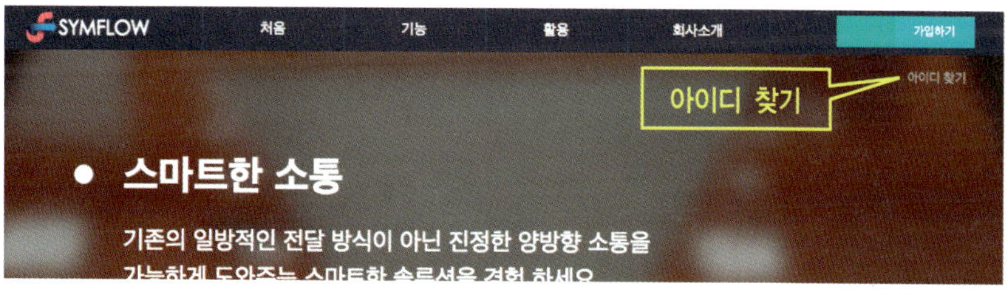

그림 5-114 아이디 찾기

(1) 아이디 찾기

가입 시 사용한 휴대폰 번호를 입력한 다음 제출 버튼을 클릭한다(그림 5-115). 곧 자신이 가입한 아이디가 휴대폰 번호로 문자 발송될 것이다.

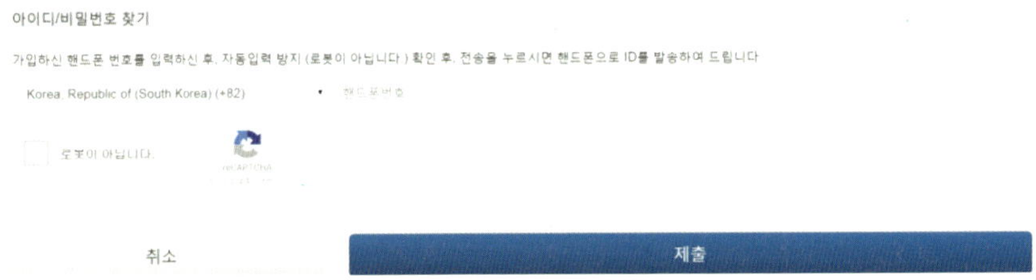

그림 5-115 아이디/비밀번호 찾기

(2) 비밀번호 변경

비밀번호를 찾지 못하였을 경우 전송된 인증번호를 입력한 뒤 제출 버튼을 클릭하면 비밀번호를 변경할 수 있는 창이 나타난다. 이곳에 새로운 비밀번호를 입력한 뒤 제출 버튼을 클릭하면 새로운 비밀번호로 접속할 수 있다(그림 5-116~5-118).

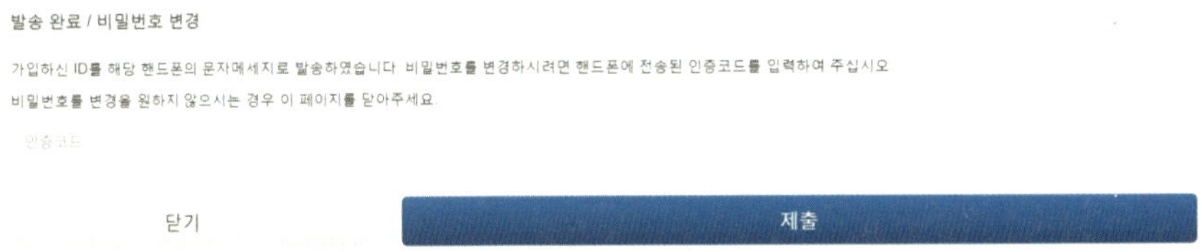

그림 5-116 인증번호 입력

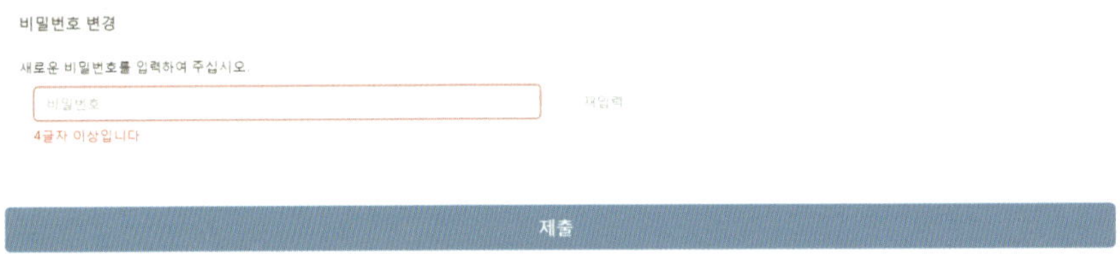

그림 5-117 비밀번호 변경

그림 5-118 비밀번호 변경 완료

(3) 관리자 모드에서 비밀번호 변경

아이디를 알고 있는 경우 관리자 모드 하단에서 비밀번호를 변경할 수 있다. 방법은 앞에서 진행한 방법과 같다(그림 5-119).

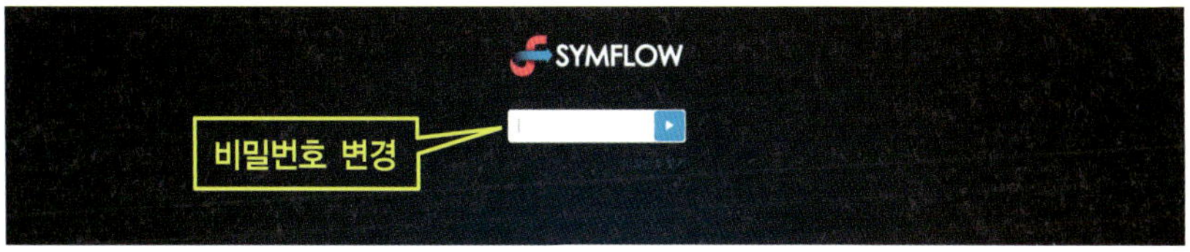

그림 5-119 관리자 모드에서 비밀번호 변경

미남교수의 스마트 기기를 활용한 쌍방향 교수법

발행일 2015년 7월 28일
저 자 신 종 우
발행인 최 용 원
편 집 이 은 의 · 장 순 임
표 지 김 애 선
발행처 **대한나래출판사**
등 록 제2012-000051호(1994.12.14)

주 소 서울특별시 성동구 성수2로 147 (성수동2가 289-319번지)
아이에스비즈타워 903호
전 화 (02) 922-7080
팩 스 (02) 922-0841
이메일 nrpub@naver.com

ISBN 978-89-5741-405-7 **정가 20,000원**